I0441214

ΤΙΤΛΟΣ : ΟΙ ΠΕΝΗΝΤΑ ΑΠΟΧΡΩΣΕΙΣ ΤΟΥ ΠΟΛΕΜΟΥ

THE FIFTY SHADES OF WAR

ΣΥΓΓΡΑΦΕΑΣ: ΠΑΝΑΓΙΩΤΑ ΜΠΛΕΤΑ

COPYRIGHT: ΠΑΝΑΓΙΩΤΑ ΜΠΛΕΤΑ

ΔΕΚΕΜΒΡΙΟΣ 2014

1ος Τόμος

bletas.p1@gmail.com

Facebook/Twitter : Panagiota Bletas

ΟΙ ΠΕΝΗΝΤΑ ΑΠΟΧΡΩΣΕΙΣ ΤΟΥ ΠΟΛΕΜΟΥ

THE FIFTY SHADES OF WAR

ΠΑΝΑΓΙΩΤΑ ΜΠΛΕΤΑ

ΠΕΡΙΕΧΟΜΕΝΑ

ΒΙΟΓΡΑΦΙΚΟ ΣΗΜΕΙΩΜΑ

Σε αυτό το βιογραφικό μονόλογο , θα προσπαθήσω να παρουσιάσω όλες τις πτυχές όχι μόνο του επαγγελματικού και πνευματικού μου χαρακτήρα, αλλά και του ανθρώπινου, καθώς αυτός με καθορίζει συνολικά, στην πορεία μου στη ζωή.

Γεννήθηκα στη Λακωνία, από όπου και πήρα το μαχητικό πνεύμα του Λεωνίδα, που εμφανίζεται πιο έντονα στο δεύτερο βιβλίο μου "UNFUCKTHEWORLD", σε ελεύθερη μετάφραση «ΕΛΕΥΘΕΡΩΣΤΕ ΤΟΝ ΚΟΣΜΟ». Είμαι πολύ περήφανη για τη γενέτειρά μου γι' αυτό και ξεκίνησα την παρουσίαση του δεύτερου βιβλίου μου από τη Λακωνική γη. Μεγάλωσα σε έναν άλλο επίσης ιστορικό τόπο το Χαλάνδρι ,κοντά στο περίφημο αρχαίο θέατρο της Ρεματιάς.

Είχα την τύχη να κάνω εξαιρετικές σπουδές και στο πρώτο πτυχίο αλλά και στο μεταπτυχιακό, σε μεγάλα πανεπιστήμια της Νέας Υόρκης, καθώς επίσης και να ζήσω την έντονη πολυεπίπεδη Νέα Υόρκη, την Μέκκα της επιχειρηματικότητας αλλά και της τέχνης σε όλο της το μεγαλείο, να γνωρίσω πολλούς και διαφορετικούς ανθρώπους, να κάνω υπέροχους φίλους και να ανταλλάξω κουλτούρα, παράδοση, ιδέες…

Στην πολιτική μου πορεία δραστηριοποιήθηκα στο χώρο της Τοπικής αυτοδιοίκησης όπου και διακρίθηκα:

- Αντιδήμαρχος Χαλανδρίου - Πρόεδρος των Δημοτικών Επιχειρήσεων Πολιτισμού και Ανάπτυξης στο Δήμο Χαλανδρίου

- Δημιούργησα το πρώτο Δημοτικό Κ.Ε.Π. –Κέντρο Εξυπηρέτησης του Πολίτη στην Ελλάδα –Κ.Ε.Π. Χαλανδρίου

- Υποψήφια Νομάρχης-Νομός Λακωνίας. Επικεφαλής Νομαρχιακής Παράταξης

- Εξέδιδα πρότυπο Newsletter με τα Ευρωπαϊκά προγράμματα που αφορούσαν ανέργους, αγρότες, ελεύθερους επαγγελματίες, επιχειρηματίες κτλ. και προώθησα την απορρόφησή τους στην νομό

Στην επαγγελματική μου πορεία :

- Συνεργάστηκα με μεγάλους επιχειρηματικούς ομίλους, που δραστηριοποιούνται στο χώρο της έρευνας , επικοινωνίας, των call centers ,των συμβουλευτικών υπηρεσιών, της επαγγελματικής εκπαίδευσης καθώς και της εστίασης αναλαμβάνοντας υψηλές διοικητικές θέσεις.

- Σχεδίασα και υλοποίησα προγράμματα, με σημαντικά ωφέλιμη αξία για το Ελληνικό κοινό –Γραμμή Ενημέρωσης σεισμόπληκτων 0800-18000, Γραμμή Εξυπηρέτησης Πολιτών 1464 κτλ

Το έτος 2011 ανακαλύπτω τον ποιητικό εαυτό μου και έτσι εκδίδεται το πρώτο μου ποιητικό πόνημα οι «ΓΥΜΝΕΣ ΕΞΟΜΟΛΟΓΗΣΕΙΣ» .

Το 2013 συνεχίζω με την δεύτερη ποιητική μου συλλογή «UNFUCK THE WORLD" και το οικονομικό δοκίμιο «ΤΟ ΔΟΓΜΑ ΤΗΣ ΦΤΩΧΕΙΑΣ», ενώ ξεκινώ παράλληλα την πολιτική και οικονομική αρθρογραφία.

7

ΠΡΟΛΟΓΟΣ

ΟΙ ΠΕΝΗΝΤΑ ΑΠΟΧΡΩΣΕΙΣ ΤΟΥ ΠΟΛΕΜΟΥ αποτελούν μια συμπυκνωμένη προσέγγιση της σύγχρονης πολεμικής πραγματικότητας. Μέσα σε 50 συναπτά άρθρα αποτυπώνονται οι αιτίες, τα μεσοπρόθεσμα διαστήματα, καθώς και τα αποτελέσματα των πολέμων που έλαβαν χώρα στον πλανήτη, το χρόνο που μας πέρασε. Οι πόλεμοι, τους οποίους πραγματεύονται τα συγκεκριμένα άρθρα, εντάσσονται σε πέντε βασικές κατηγορίες 1) Πόλεμοι των Όπλων/Επεκτατικοί Πόλεμοι, 2) Οικονομικοί Πόλεμοι, 3) Βιολογικοί Πόλεμοι, 4) Πολιτιστικοί Πόλεμοι 5) Ταξικοί Πόλεμοι, που υποκατηγοριοποιούνται, με βάση τις διαφορετικές αποχρώσεις που μπορούν να πάρουν κάθε φορά και ποικίλουν από χώρα σε χώρα, από ήπειρο σε ήπειρο.

Κοινό όμως γνώρισμα όλων, είναι ότι συμβαίνουν κάτω από συνθήκες κυλιόμενης ειρήνης. Η κυλιόμενη ειρήνη αποτελεί μια «εξελιγμένη» μορφή ειρήνης, που εισηγείται την χρήση της βίας, κατά περίπτωση ή κατά χρονικά διαστήματα.

Η ευρηματικότητα στην τεχνολογία της σύγχρονης ειρήνης, έγκειται στην ενσωμάτωση διαφορετικών πολεμικών τεχνικών, που δικαιολογούν κάθε φορά την ανάγκη για την επιβολή της.

Η εξέλιξη αυτή κρίθηκε επιτακτική, προκειμένου ο συγκεκριμένος όρος να χάσει τη λαικότητα του και να συνδεθεί άμεσα με την άσκηση εξουσίας.

Η ειρήνη σε πρωτόλειο, αυθεντικό στάδιο αποτελούσε πάντα τον πόλεμο που διεκδικούσαν τα λαικά στρώματα ενάντια στην άδικη άσκηση της πολιτικής και οικονομικής εξουσίας, ενώ στην μετεξέλιξή της μετασχηματίσθηκε σε πόλεμο από και προς τα λαικά στρώματα.

Τα άρθρα επεξεργάζονται την «συμφιλίωση» του πολέμου και της ειρήνης, όπως αναδεικνύεται από την σύγχρονη πραγματικότητα και αποσκοπούν στην αποκρυπτογράφηση των όρων και των εννοιών τους που χρησιμοποιούνται για να συντάξουν τον σχεδιασμό του σύγχρονου νεοταξικού κόσμου.

Ευελπιστώ δε, να αποτελέσουν εργαλείο στα χέρια του απλού κόσμου, προκειμένου να προχωρήσει στον δικό του σχεδιασμό και υλοποίηση ανατροπής της νεοταξικής κανονικότητας που επιβάλλει το ερπυστριοφόρο σύστημα...

8

ΔΗΜΟΣΙΕΥΣΕΙΣ

Τα άρθρα δημοσιεύτηκαν και αναδημοσιεύτηκαν σε μεγάλα και μικρά sites, σε έντυπες και διαδικτυακές εφημερίδες, καθώς και σε πολλά blogs ανά την ελληνική περιφέρεια.

Ενδεικτικά αναφέρω:

WWW.NEW-DEAL.GR

WWW.DIMOI-NEWS.GR

WWW.NOW24.GR

WWW.FMVOICE.GR

WWW.TRIBUNE.GR

WWW.ELKEDA.GR

WWW.NOBILE.GR

Η ΣΦΗΚΑ

ΑΝΕΜΟΣ ΑΝΤΙΣΤΑΣΗΣ

ΑΜΕΙΝΙΑΣ Ο ΠΑΛΛΗΝΕΥΣ

FINANCE & MARKETS VOICE

ΑΧΑΡΝΑΙΚΗ

Και πολλά άλλα…

ΤΟΥΣ ΕΥΧΑΡΙΣΤΩ ΟΛΟΥΣ

ΑΡΘΡΟ 1ο – ΠΡΩΤΗ ΔΗΜΟΣΙΕΥΣΗ 1/12/2013

ΚΑΙ Η ΤΡΟΙΚΑ ΚΑΛΑ ΚΡΑΤΕΙ...

Τα θερμά μηνύματα, που στέλνει η Τρόικα για την Δημοσιονομική πολιτική της Ελλάδας, που ωστόσο δεν φαίνεται ούτε αυτή να ανακάμπτει, αλλά ούτε και τα προβλεπόμενα πλεονάσματα για το 2014 φαίνεται να επαρκούν, για να ληφθούν άλλα μέτρα όχι φορολογικά πια, αλλά μέτρα κοινωνικών παροχών, τα οποία δεν είναι απλά απαραίτητα για τις ευαίσθητες κοινωνικά ομάδες, αλλά και για την στοιχειώδη συνέχεια του ιδίου του κράτους, αποσκοπούν στο να χαιδέψουν τα αυτιά του Έλληνα πολίτη, έτσι ώστε η ανοχή του και η ανέχεια του να καθίστανται πλέον μόνιμες.

Η χαμηλή ποιότητα ζωής που αγγίζει τα όρια της φτώχειας για τον μέσο Έλληνα, η οποία έχει προέλθει από το υψηλό κόστος ζωής, σε συνάρτηση με τους πενιχρούς μισθούς, τις συντάξεις πείνας και τις λιγοστές αν όχι ανύπαρκτες κοινωνικές και ασφαλιστικές παροχές, αρχίζει να μπαίνει σε καθεστώς μονιμότητας, με αποτέλεσμα να προσβάλλεται χείριστα ο παραγωγικός ιστός της χώρας.

Η καταναλωτική δύναμη καθίσταται τελείως ανενεργή και η επιχειρηματικότητα, ειδικότερα στο επίπεδο της μικρομεσαίας επιχείρησης, ασφυκτιά μέσα σε ένα περιβάλλον δυσβάστακτων φορολογικών επιβαρύνσεων, με αποτέλεσμα να μην «γυρνάει» όπως λέμε το χρήμα στην αγορά, η ρευστότητα να μην είναι προσεγγίσιμη και το χρήμα να συσσωρεύεται πάλι στα χέρια των ολίγων, ενώ κανένα αντισταθμιστικό μέτρο δεν λαμβάνεται για την ανάπτυξη της χώρας, η οποία θα εξασφαλίσει τα πραγματικά πλεονασματικά.

Το κεφάλαιο είτε πολυεθνικό είτε εγχώριο, δεν καλείται από την πολιτική εξουσία να καταβάλλει όσα του αναλογούν από την καταστροφή, στην οποία έχει υποβάλλει τον μέσο έλληνα καταναλωτή.

Τα χρηματοπιστωτικά ιδρύματα κινούνται σε άτυπη συνομωσία με την Ελληνική Πολιτεία, αυθαίρετα και πολλές φορές παράνομα, εναντίον του μέσου έλληνα πολίτη, προσπαθώντας να βάλουν στο χέρι ακόμη και στην πρώτη κατοικία.

Η Ευρωπαϊκή Ένωση, που μόνο ως Ένωση δεν λειτουργεί επί του προκειμένου, όχι μόνο συνεπικουρεί, αλλά ευλογεί και επιβάλλει κιόλας αυτές τις ζοφερές, ευφάνταστες πραγματικά συνιστώσες, που καθιστούν την Ελλάδα τριτοκοσμική χώρα, με στόχο να εξυπηρετηθούν πρωτίστως τα συμφέροντα των δανειστών και των τραπεζών, το σύστημα δηλαδή της διεθνούς ολιγοκρατίας.

Αυτό το άθλια προχειροφτιαγμένο πρόγραμμα της υποτιθέμενης ανάκαμψης της Ελληνικής Οικονομίας, μέσω περικοπών από κοινωνικά και εργατικά αγαθά, που μας έχουν επιβάλλει «αδελφά» κράτη και το οποίο δεν πατά καν σε ενιαία Ευρωπαϊκή δημοσιονομική πολιτική και συνιστά τον συνεχή δανεισμό, για να εισάγονται χρήματα και στη συνέχεια να επανεξάγονται με στόχο να τονώσει τον καπιταλισμό, καθώς και τους πιστούς του υπηρέτες το τραπεζικό σύστημα, δεν θα αργήσει να φέρει την κατάρρευση της χώρας και κατ' επέκταση της υποτιθέμενης Ευρωπαϊκής οικογένειας.

ΑΡΘΡΟ 2⁰ – ΠΡΩΤΗ ΔΗΜΟΣΙΕΥΣΗ 9/12/2013

ΝΤΙΤΡΟΪΤ – ΩΡΑ ΜΗΔΕΝ

Αρχές Δεκέμβρη 2013 - Το «πείραμα χρεωκοπίας» του Ντιτρόιτ στις ΗΠΑ, την πλουσιότερη πόλη στην δεκαετία του 1950, την παγκόσμια πρωτεύουσα της αυτοκινητοβιομηχανίας, την πατρίδα της Ford, της Crysler και της General Motors, σήμανε την αρχή της κατάρρευσης του καπιταλιστικού συστήματος, που όμως αφήνει παντελώς αδιάφορη τη Wall Street, τον θεματοφύλακα του διεθνούς κεφαλαίου.

Ο δήμαρχος της πόλης του Ντιτρόιτ, που ανήκει στην πολιτεία Μίσιγκαν των ΗΠΑ, παρότι ακολούθησε πιστά το μονεταριστικό μοντέλο και περιέκοψε τους μισθούς, έθεσε εκτός ισχύος τις συλλογικές συμβάσεις, πούλησε όλα τα περιουσιακά στοιχεία του δήμου (δηλαδή ότι ακριβώς επιχειρείται και στην Ελλάδα), απέτυχε να αποπληρώσει το χρέος των 18 δις δολαρίων . Σήμερα η πόλη του Ντιτρόιτ προσπαθεί να προστατευτεί από τους πιστωτές , φτιάχνοντας ένα σχέδιο ανασυγκρότησης με σημαντικό κούρεμα του χρέους της.

Αποδεικνύεται τελικά, ότι αυτό το καπιταλιστικό μοντέλο «Νόμπελ», το μονεταριστικό μοντέλο δηλαδή, του Αμερικανού οικονομολόγου Φρίντμαν, που προτείνει την φιλελεύθερη οικονομική πολιτική , απελευθερώνοντας τελείως την αγορά, χωρίς παγιωμένους κανόνες που θα προστατεύουν το μέσο καταναλωτή, και που στις περιόδους ύφεσης δεν συνιστά την ανάπτυξη ως λύση, αλλά τις περικοπές σε μισθούς, συντάξεις , κοινωνικές παροχές, χωρίς να υπολογίζει το αντίστοιχο κόστος σε ανθρώπινες ζωές, αποτελεί μια τραγική στρατηγική διαχείρισης των κρίσεων, ανεξάρτητα αν εφαρμόζεται στην μικρή Ελλάδα ή στο πλούσιο Ντιτρόιτ των Ηνωμένων Πολιτειών.

Η αλλαγή πολιτικής πλεύσης προς το σχεδιασμό αναπτυξιακών μέτρων λοιπόν, θα πρέπει να αποτελεί όχι μόνο κυρίαρχη πολιτική γραμμή για την Ελλάδα, αλλά και για ολόκληρο τον κόσμο.

Οι κρίσεις αντιμετωπίζονται ουσιαστικά και αποτελεσματικά, όταν εξασφαλίζονται τα στοιχειώδη αγαθά για την αξιοπρεπή διαβίωση των πολιτών μιας χώρας, μέσω αξιοποίησης ή εξεύρεσης αναπτυξιακών πόρων και όχι όταν υιοθετούνται αντιλαϊκά μέτρα, που τείνουν να γίνουν μόνιμα, όπως οι περικοπές σε μισθούς, συντάξεις και κοινωνικές παροχές και όταν επιβάλλονται φόροι δυσβάσταχτοι για το μέσο πολίτη.

Οι πολιτικές, που δεν συμπεριλαμβάνουν τη διαβίωση του μέσου ανθρώπου ως ρυθμιστικού παράγοντα της οικονομίας, και μοιραία τον οδηγούν στην εξαθλίωση, γιατί δεν συνυπολογίζουν τις ανάγκες του για ασφαλή και αξιοπρεπή διαβίωση, καταλήγουν με μαθηματική ακρίβεια σε αποτυχία.

Η πολιτική, οι πολιτικοί, οι πολιτικές, τα συστήματα, τα πολιτεύματα, οι οικονομικοί οργανισμοί εφευρέθηκαν για να εξυπηρετούν, μάλλον για να υπηρετούν τον μέσο άνθρωπο και όχι το αντίστροφο.

Οποιαδήποτε παρανόηση αυτής της συνθήκης μπορεί να καταλύσει όχι μόνο πόλεις , όχι μόνο χώρες, αλλά ολόκληρο τον πλανήτη...

ΣΒΗΝΕΙ ΤΟ ΡΕΥΜΑ ΤΗΣ ΨΥΧΗΣ ΤΗΣ ΧΩΡΑΣ

Όπως φαίνεται, τα φετινά Χριστούγεννα θα είναι ύμνος στην φτώχεια, για την Ελλάδα.

Η φάτνη θα είναι πραγματική, γιατί έτσι έχει γίνει το σπιτικό σε περισσότερες από 350 χιλιάδες οικογένειες, που δεν έχουν πρόσβαση σε ηλεκτρικό και θέρμανση, ενώ στερούνται ακόμη και τα στοιχειώδη είδη διατροφής.

Και τα «ατυχήματα» θα συμβαίνουν, ως προσχηματικές πράξεις θανάτου, ενός λαού που προσπαθεί να αντιμετωπίσει το κρύο και την ανέχεια με αυτοσχέδια μαγκάλια και με κεριά που δεν μοιάζουν να φωτίζουν τη γέννηση του Μεσσία, αλλά το παρανάλωμα της ψυχής μας.

Και οι κλοπές ρεύματος θα γίνονται «νόμιμες», από τα νοικοκυριά, γιατί πως αλλιώς θα ζεστάνει το σπίτι και τα παιδιά του ο μέσος Έλληνας, αν όχι σαν άλλος «Γιάννης Αγιάννης», που ξεπήδησε μέσα από το μυθιστόρημα του Βίκτωρος Ουγκώ και αποτελεί τον συμβολικότερο μάρτυρα των Αθλίων της Γαλλικής Επανάστασης.

Η φτώχεια χτύπησε την πόρτα μας, μα το χειρότερο είναι ότι τρύπησε την ψυχή μας…

Όταν το πλούσιο 8% του πληθυσμού, το οποίο πρέπει να αποδίδει το 70% των φορολογικών εσόδων της χώρας, όχι μόνο δεν το αποδίδει αλλά υπεκφεύγει και την πληρώνει ο λαός και οι πολιτικοί μας έχουν το θράσος να κηρύττουν την ίση μεταχείριση και «καλοδιαχείριση» των οικονομικών της χώρας, τότε η ίδια αυτή φτώχεια στην οποία μας έχουν καταδικάσει θα μας κάνει κλέφτες, αυτόχειρες, ανύπαρκτους.

Αυτή τη φτώχεια, που το σύστημα γεννάει πολλαπλασιαστικά, σαν άλλη Λερναία Ύδρα, με στόχο να μας συνετίσει, για να μας καταστήσει πιστούς υπηκόους της λερωμένης Δημοκρατίας του καπιταλισμού, αυτή τη φτώχεια εγώ τη φτύνω κατάμουτρα.

Αυτή τη φτώχεια, που σβήνει το ρεύμα της ψυχής μου μαζί με το ρεύμα του σπιτικού μου, θα την χαράζω μόνη μου στην πόρτα μου

14

με κερί , για να γνωρίζουν οι ανυπόληπτοι της εξουσίας, το ρατσισμό που επέβαλλαν στη γενιά μου.

ΚΑΛΑ ΧΡΙΣΤΟΥΓΕΝΝΑ ΛΟΙΠΟΝ ΣΤΗ ΕΞΟΥΣΙΑ ΚΑΙ ΣΤΑ ΠΑΡΑΓΩΓΑ ΤΗΣ, ΠΟΥ ΤΗΝ ΩΡΑ ΠΟΥ ΘΑ ΡΕΥΟΝΤΑΙ ΚΑΛΟΙΤΑΙΣΜΕΝΟΙ ΤΟΥΣ ΦΟΡΟΥΣ ΠΟΥ ΕΧΟΥΝ ΕΠΙΒΑΛΛΕΙ, ΧΙΛΙΑΔΕΣ ΑΣΤΕΓΟΙ ΘΑ ΚΟΙΜΟΥΝΤΑΙ ΣΤΟΥΣ ΔΡΟΜΟΥΣ ΚΑΙ ΕΚΑΤΟΜΜΥΡΙΑ ΣΤΕΓΑΣΜΕΝΟΙ – ΑΣΤΕΓΟΙ ΘΑ ΠΑΙΖΟΥΝ ΤΟΥΣ ΠΡΩΤΑΓΩΝΙΣΤΕΣ ΣΤΟΥΣ «ΑΘΛΙΟΥΣ» ΤΗΣ ΕΛΛΑΔΑΣ...

ΑΡΘΡΟ 4⁰ – ΠΡΩΤΗ ΔΗΜΟΣΙΕΥΣΗ 23/12/2013

ΤΟ «SUCCESS STORY» ΤΟΥ ΑΙ ΒΑΣΙΛΗ...

Ο Άι Βασίλης αποτελεί μια διεθνή λαογραφική μορφή, η οποία διανέμει δώρα σε παιδιά και ενηλίκους, που υπήρξαν «καλοί» κατά τη διάρκεια του χρόνου. Είναι κυρίαρχο πρόσωπο του εορτασμού της Πρωτοχρονιάς.

Αυτή την Πρωτοχρονιά, ο «Άι Βασίλης», που μας έρχεται από τα βάθη της μακρινής Δύσης, δεν θα έρθει ο ίδιος, παρά θα μας στείλει τον εκπρόσωπο της θυγατρικής του εταιρίας στην Ευρώπη τον «Άι Τρόικα», γιατί ως παιδιά, αλλά και ως ενήλικοι υπήρξαμε πολύ «κακοί» την προηγούμενη χρονιά.

Θα φοράει μαύρη στολή παραλλαγής, να κάνει αντίθεση με τη λευκή του γενειάδα και τα γυαλιά του, γιατί το styling είναι απαραίτητο εδικά αυτές τις μέρες, ενώ το έλκηθρο του, θα το σέρνουμε όλοι εμείς οι ζωηροί, οι άτακτοι.

Θα είναι αυστηρός και θα κουβαλάει ένα τεράστιο σάκο με δώρα τιμωρίας πολύ χειρότερα από τα dominatrix – τα παιχνίδια σαδομαζοχισμού δηλαδή, που πουλάνε στα κατά τόπους sex shops :

- Για τα παιδιά, μαγκάλια με άφθονο «μονοξείδιο του άνθρακα», έτσι για να το καταλαβαίνουν όταν πεθαίνουν...
- Για τους νέους, χρυσοποίκιλτη ανεργία με μεταξωτές κόκκινες κορδέλες για να μην τους αφήνουν σημάδια όταν κρεμιούνται απ' το ταβάνι.
- Για τους συνταξιούχους, «μίνι» συντάξεις έκπληξη για να τους ανεβάζει την αδρεναλίνη τόσο πολύ , έτσι ώστε να τους στέλνει κατευθείαν στον τάφο.
- Για τους επιχειρηματίες, δερμάτινα φραγγέλια με ασημένια καρφιά (μαστίγια δηλαδή με καρφιά), έτσι για να αυτομαστιγώνονται όταν οι δεσμοφύλακες-φόροι τους κλείνουν φυλακή.
- Για τους έχοντες ακίνητα, δυσβάστακτους φόρους και πλειστηριασμούς, έτσι για να μάθουν να κοιμούνται στη φύση, σαν καλοί στρατιώτες της Τρόικας και να αντιμετωπίζουν όλες τις κακουχίες «αδιαμαρτύρητα».
- Για τις ασθενέστερες τάξεις θα υπάρχει ειδικό δώρο έκπληξη : ο σύγχρονος «Καιάδας», έτσι ώστε να

16

διασφαλισθεί η «ευγονική» της φυλής του διεθνούς κεφαλαίου.

Με αυτές τις προϋποθέσεις, θα έρθει το πακέτο του 1δις του «Άι Τρόικα», τον Ιανουάριο, για να μας συνετίσει που δεν είμαστε καλά παιδιά και αντιστεκόμαστε να γίνουμε καλοί υπήκοοι, μιας εκφυλισμένης πολιτικής και οικονομικής μαφίας (ούτε καν αυθεντικής), που προκειμένου να κυριαρχεί επί του πλανήτη, δεν διστάζει να «δωρίζει», αθρόα, γενοκτονίες σε έθνη και λαούς.

Γι' αυτό μας εκπαιδεύουν με περισσό οίστρο, μέσω του Δόγματος του Σοκ –του Δόγματος της Φτώχειας, να νοιώθουμε ευτυχισμένοι που βιώνουμε την φτώχεια, την ανέχεια και την υποτέλεια, ως αντικειμενικές συνθήκες ζωής του «φτωχού συγγενή» της σύγχρονης Ευρωπαικής οικογένειας.

Αυτός ο «Άι Τρόικας», να θυμάστε θα αποτελέσει τον «αγαπημένο» μας ήρωα τελικά, σύμφωνα με το «Σύνδρομο της Στοκχόλμης», το Σύνδρομο δηλαδή του να αγαπάς το Βασανιστή σου...

ΣΗΚΩ ΛΑΕ...ΚΑΝΕ ΚΑΙ ΕΣΥ ΕΝΑ ΠΡΩΤΟΧΡΟΝΙΑΤΙΚΟ ΔΩΡΟ ΕΚΠΛΗΞΗ ΣΤΟΥΣ ΒΑΣΑΝΙΣΤΕΣ ΣΟΥ !!!

ΚΑΛΗ ΠΡΩΤΟΧΡΟΝΙΑ...

ΑΡΘΡΟ 5⁰ – ΠΡΩΤΗ ΔΗΜΟΣΙΕΥΣΗ 14/1/2014

ΤΟ ΟΠΛΟ ΚΑΤΑΣΤΟΛΗΣ ΤΟΥ ΕΓΚΕΦΑΛΟΥ – THE BRAIN WEAPON

Με τα χαράτσια στο ρεύμα, στα αυτοκίνητα, στα ακίνητα, στα αγροτεμάχια, στα νοσοκομεία κινδυνεύουμε λίαν συντόμως ο κεφαλικός φόρος να μετατραπεί σε «εγκεφαλικό» φόρο κυριολεκτικά και μεταφορικά, προκειμένου να έχουμε πρόσβαση όχι μόνο στα κοινόχρηστα αγαθά, αλλά και στα περιουσιακά μας στοιχεία.

Μεταφορικά γιατί τα πολλαπλά αντισυνταγματικά χαράτσια συνιστούν ουσιαστικά την καθολική δήμευση της περιουσίας μας και προκαλούν κατά συνέπεια καρδιακή και εγκεφαλική αρρυθμία - όταν η καρδιά δυσκολεύεται να εκπληρώσει το ρόλο της ως αντλία που στέλνει το αίμα στον εγκέφαλο και τα υπόλοιπα όργανα του σώματος.

Κυριολεκτικά γιατί το μόνο περιουσιακό μας στοιχείο που δεν έχει βγει ακόμη στον πλειστηριασμό, ο εγκέφαλός μας, προετοιμάζεται μέσω του Δόγματος του Σοκ /του Δόγματος της Φτώχειας, την καταστροφολογία δηλαδή, να δεχτεί διαρθρωτική επίθεση , προκειμένου να συνθηκολογήσει με την κατάργηση των βασικών μας προνομίων ως άνθρωποι.

Η φορολόγηση της όποιας αντιστασιακής μας σκέψης θα αποτελέσει το σύγχρονο «brain weapon» - όπλο καταστολής του εγκεφάλου, για να πάψει να παράγει σκέψεις, ιδέες, θεωρίες ρηξικέλευθες, ανατρεπτικές στην ανακατανομή της εξουσίας πολιτικής και οικονομικής.

Η ιδεολογική πλατφόρμα του superiority (ανωτερότητας) των πολιτικών και οικονομικών κεφαλαιοκρατών είναι η κατεδάφιση σε όποιο ανθρώπινο οικοδόμημα ανιχνεύονται ψήγματα ανθρώπινης νοημοσύνης, συναισθήματος ή αντίδρασης.

Οι στρατηγικές πολλές και ποικίλες ανάλογα πάντα με τη social κουλτούρα της κάθε κοινωνίας.

Όσο πιο σκληρή είναι η κουλτούρα μιας κοινωνίας, δηλαδή όσο πιο συσπειρωμένη στον κεντρικό άξονα των αξιών της τόσο ισχυρότερα τα μέτρα και οι αποκλεισμοί.

18

Χαρακτηριστικά παραδείγματα αποτελούν Τουρκία και Ελλάδα, που γεωπολιτικά αποτελούν σημεία με τεράστια κυριαρχική και οικονομική προέκταση αξίας για τους έχοντες τα ηνία της διεθνούς ελεγχοκρατίας και πλουτοκρατίας.

Δύο χώρες που καταστάθηκαν συμβατικοί εχθροί από τις εκάστοτε «μεγάλες δυνάμεις», προκειμένου να βγαίνουν πάντα ηττημένοι στο τζόγο της διαχείρισης της εξουσίας και του πλούτου των οίκων τους.

Η Τουρκία, έχει αποκλεισθεί από την είσοδο της στα Ευρωπαικά πράγματα, προκειμένου να μην αλλάξει το ανθρωπογεωγραφικό χάρτη της κατά τα άλλα «ενωμένης» Ευρώπης και μεταφέρει πολιτική δύναμη μέσω της πληθυσμιακής της ευρωστίας σε εστίες που δεν ελέγχονται από τα διεθνή κέντρα εξουσίας.

Η Ελλάδα δε, έχει αποκλεισθεί από την δικαιωματική της διεκδίκηση στον πλούτο και την ιστορία της, μέσω των υστερικά και ιστορικά παράλογων μέτρων φτωχοποίησης του λαού της προκειμένου να παίζει τον μαγνήτη στα ζάρια που θα ρίχνει το διεθνές πολιτικό και οικονομικό κεφάλαιο, για να αντιμετωπίζει τις υπόλοιπες χώρες του πλανήτη με στημένες εξάρες...

Το τι εστί λοιπόν «Ενωμένη Ευρώπη» σήμερα, αποτελεί έναν όρο χωρίς ορισμό, με σκοτεινά ανεξιχνίαστους δεσμούς με το διεθνές πολιτικό και οικονομικό πανηγύρι που έχει στηθεί στις πλάτες των λαών...

19

ΑΡΘΡΟ 6° – ΠΡΩΤΗ ΔΗΜΟΣΙΕΥΣΗ 22/1/2014

Ο ΑΒΑΝΓΚΑΡΝΤΙΣΜΟΣ ΤΟΥ ΝΕΟΦΙΛΕΛΕΥΘΕΡΙΣΜΟΥ

Ο όρος avant-garde προκύπτει από την γαλλική γλώσσα και χρησιμοποιείται στη ιστορία της τέχνης, του πολιτισμού για να εκφράσει πρωτοπόρες προσωπικότητες και καινοτόμες δράσεις, καθώς και στην πολιτική για να χαρακτηρίσει ριζικές κοινωνικές μεταρρυθμίσεις ή... απορρυθμίσεις...

Ως έννοια ταυτίζεται με κάθε τι τολμηρό, που θεωρητικά προηγείται της εποχής του, ως θαυμαστός προάγγελος μελλοντικής εφαρμογής ή αποδοχής. Βέβαια υπό αυτή την άποψη, δεν είναι και λίγες οι περιπτώσεις, όπου με τον πρωτοποριακό της χαρακτήρα η έκφραση αυτή θεωρείται επαναστατική και έρχεται σε ρήξη με παραδοσιακές ιδεολογίες και ακολουθούμενες αρχές, χαρακτηριζόμενη ακόμη και ως ανορθόδοξη ή εξτρεμιστική...

Έτσι στις μέρες μας, έχουμε την τύχη να βιώνουμε τον παράδοξο «αβανγκαρντισμό» του νεοφιλελευθερισμού, ο οποίος μπροστά στην ανάγκη του να υποτάξει το λαό που αντιστέκεται στην λαίλαπα της φτώχειας, αγκαλιάζει την τρομοκρατία ως άλλη τακτική επανατοποθέτησης της κυριαρχία του στους λαούς, δημιουργώντας τους πλαστές ανάγκες «προστασίας», προωθώντας το νταβαντζιλίκι του καπιταλισμού.

«Αβανγκαρντισμός» λοιπόν, η εμφυλιοπολεμική τεχνική προσέγγισης της νεοφιλελεύθερης κυβέρνησης, καθώς και των διεθνών πολιτικών και οικονομικών κέντρων στα οποία υπακούει, απέναντι σε διαφορετικά πολιτικά ρεύματα που τοποθετούνται συνήθως στα άκρα, προκειμένου μέσω του χάους και του πανικού να αποπροσανατολίσουν τον ευρύτερο λαό και να απομακρύνουν τη σκέψη του από τα ζοφερά προβλήματα του.

Κόμματα, που αποτελούν συνονθυλεύματα ακραίων εθνικιστικών τάσεων και θέσεων και τα οποία υποστηρίζονται οικονομικά και ηθικά από ξένα πολιτικά κέντρα, προκειμένου να μπερδεύουν την εθνική συνείδηση του κόσμου και να διοχετεύουν την οργή του απέναντι στον συνάνθρωπο, καταφέρονται κατά άλλων αριστερόστροφων κομμάτων.

Και ενώ θρηνούμε θύματα από αυτές τις σωματικές και ψυχικές δολοφονίες, έρχεται ως άλλος από μηχανής Θεός η κυβέρνηση να ηρεμήσει τα πνεύματα και να προσφέρει στον κόσμο «χάπια για τον πόνο του άλλου», με τις πραγματικά «avant-garde" τακτικές της, να αναστήσει μια υποτιθέμενη «πεφωτισμένη» αριστερή τρομοκρατία, την επονομαζόμενη «17 Νοέμβρη» που και ηλικιακά αποθνήσκει...

Και όλα αυτά, για να δικαιολογήσει και άλλες δολοφονίες, που συντελούνται σκόπιμα στο όνομα του εμφυλίου, προκειμένου να περνούν «νόμιμα» τα μέτρα της φτώχειας και της εξαθλίωσης του λαού.

Και όσοι γνωρίζουμε και από τα πολιτικά πράγματα του εξωτερικού, είμαστε σε θέση να αναγνωρίσουμε αμέσως, ότι αυτές οι δολοφονίες εκατέρωθεν είναι πληρωμένες δολοφονίες, εκτελεσθείσες από πληρωμένους εκτελεστές της διεθνούς πολιτικής και οικονομικής μαφίας.

Το οργανωμένο έγκλημα πλέον είναι «νόμιμο» και οι συμμορίες δεν εδράζουν στις γειτονιές των πόλεων, αλλά στις πολιτικές γειτονιές των χωρών.

Ο ομφάλιος λώρος της τρομοκρατίας τη δένει άρρηκτα με τον νεοφιλελευθερισμό, που είναι δικό του γέννημα, δικό του παιδί με μεταμοντέρνα γονίδια.

Και αν πει κανείς το αντίθετο, από αυτούς που γνωρίζουν, τότε έχει χωθεί πολύ βαθιά στη βολή του και στην μετάλλαξη της συνείδησης του από ανθρώπινη σε τερατώδη.

Το αίμα αυτών των παιδιών όμως, έχει συναντήσει το πνευματικό αίμα ενός κόσμου που καταρρέει και πολύ σύντομα θα γίνει ποτάμι, που δεν θα μπορεί κανείς να σταματήσει ...

21

Η ΗΘΙΚΗ ΑΝΑΠΤΥΞΗ ΤΗΣ ΠΕΡΙΦΕΡΕΙΑΣ

Οι φυσικές καταστροφές προσβάλλουν την Κεφαλονιά, ενώ οι τεχνητές καταστροφές σηκώνουν τους πεθαμένους από τα μνήματα, σε όλη την Ελληνική Περιφέρεια.

Η στρατηγική της φορολόγησης των απανταχού αγροτεμαχίων, με όρους που θα οδηγήσουν τους αγρότες σε πτώχευση, όπως ακριβώς συνέβηκε και συμβαίνει και με πολλούς ελεύθερους επαγγελματίες, σημαίνει τον κατακερματισμό της αγροτικής οικονομίας.

Κάποτε μελετούσαμε τρόπους για την ενίσχυση της αγροτικής/κτηνοτροφικής οικονομίας και την ανταγωνιστικότητα των ελληνικών αγροτικών/κτηνοτροφικών προιόντων σε Ελλάδα και εξωτερικό.

Κάποτε επινοήσαμε τον «νέο αγρότη/κτηνοτρόφο» και τον «αγρότη/κτηνοτρόφο επιχειρηματία», προκειμένου να δώσουμε κίνητρα να ασχοληθεί περισσότερος κόσμος με την αγροτική παραγωγή και εμπορία, καθώς και με καινούργιες καλλιέργειες και να εκσυγχρονίσουμε έναν από τους πιο βασικούς οικονομικούς αιμοδότες της ελληνικής οικονομίας, που λέγεται αγροτική ανάπτυξη και έτσι να δημιουργήσουμε καινούργιες θέσεις εργασίας και να πετύχουμε την πολυπόθητη αποκέντρωση.

Κάποτε ψάχναμε να δημιουργήσουμε παράλληλες πηγές εισοδήματος στον αγρότη, με την ανάπτυξη του τουρισμού ή αγροτουρισμού, με τα εξατομικευμένα προγράμματα των ανανεώσιμων πηγών ενέργειας.

Και όλα αυτά, γνωρίζοντας την φυσική αποδοτικότητα των περίπου 2/3 της Ελληνικής γης λόγω του ευφορίας των εδαφών και του κλίματος, προκειμένου να δημιουργήσουμε ένα ex officio ανταγωνιστικό πλεονέκτημα της χώρας μας που θα διασφάλιζε την μερισματική της συμμετοχή στην «ανταλλαγή» προιόντων και αγαθών στην Ενωμένη Ευρώπη.

Τώρα τι συμβαίνει ;

Τώρα προσπαθούμε να πνίξουμε τον μικρό αγρότη «κατ' εντολή» της μητέρας Ευρώπης, με την αποτροπιαστική φορολόγησή του, ουσιαστικά με την ΔΗΜΕΥΣΗ ΤΗΣ ΠΕΡΙΟΥΣΙΑΣ ΤΟΥ, με σκοπό ο αγροτικός κλήρος να περάσει στα χέρια μεγάλων εταιριών, που κανείς δεν γνωρίζει αν είναι καν ελληνικές και ο έλληνας αγρότης/κτηνοτρόφος να καταστεί «εργάτης» στην ίδια του τη γη.

Και δεν μιλώ για τις ανανεώσιμες πηγές ενέργειας και τον τουρισμό και τα εξατομικευμένα προγράμματα, που δεν λειτούργησαν ποτέ, με σκοπό να περάσουν όλα πάλι στα χέρια των μεγαλοπενδυτών.

Αυτό είναι ένα άλλο πονεμένο κεφάλαιο της Ελληνικής οικονομικής ιστορίας το οποίο θα ανοίξουμε όταν έρθει η κατάλληλη ώρα...

Τώρα λοιπόν, προσπαθούμε, με οδηγό την καπιταλιστική ή νεοφιλελεύθερη διευθέτηση της αγροτικής οικονομίας, να ξαναγυρίσουμε στο φεουδαρχικό σύστημα άλλων εποχών, στα τσιφλίκια, τους κολίγους και τους σκλάβους...

Η ανάπτυξη της περιφέρειας γίνεται με όρους δομημένους επάνω στην οικονομία και την ανθρωπογεωγραφία της κάθε περιοχής.

Η ανάπτυξη της περιφέρειας ενέχει την λογική της ανάπτυξης του εισοδήματος του μέσου πολίτη, που κατοικεί στην περιφέρεια και την αναβάθμιση της ποιότητας ζωής του και την ισότιμη συμμετοχή του όχι μόνο στα Ελληνικά αλλά και στα Ευρωπαικά πράγματα.

ΑΥΤΗ ΕΙΝΑΙ Η ΗΘΙΚΗ ΑΝΑΠΤΥΞΗ ΤΗΣ ΠΕΡΙΦΕΡΕΙΑΣ - ΟΤΑΝ Ο ΑΓΡΟΤΗΣ ΕΧΕΙ ΛΟΓΟ ΕΠΑΝΩ ΣΤΗ ΓΗ ΠΟΥ ΚΑΛΛΙΕΡΓΕΙ ΓΙΑ ΝΑ ΖΗΣΕΙ ΑΥΤΟΣ ΚΑΙ ΤΑ ΠΑΙΔΙΑ ΤΟΥ.

Αυτή η μεταβλητή όμως, που λέγεται «Ηθική Ανάπτυξη της Περιφέρειας», φαίνεται ότι λείπει από την εξίσωση της εξυγίανσης «έσοδα=έξοδα», ενώ θα έπρεπε να είχε προυπολογισθεί με «ακριβή μαθηματική αξία», πρώτα από όλα, από τους ημέτερους και να έχει μεταφερθεί σ' αυτούς που προσπαθούν σήμερα να διαχειριστούν το μέλλον της χώρας μας και δεν γνωρίζουν ακόμη και αυτό πώς να το κάνουν σωστά, με όρους που δεν θα διαρρηγνύουν τον κοινωνικό ιστό του Έθνους...

23

Αναφέρει χαρακτηριστικά ο Μάικλ Σαντέλ, αναμφίβολα ένας από τους μεγαλύτερους διανοητές του αιώνα μας :

"**Στις δυτικές δημοκρατίες προσπαθούμε συχνά να συζητήσουμε για την πολιτική και την οικονομία χωρίς να αναφερόμαστε σε ζητήματα ηθικής, αξιών και κοινού καλού. Πιστεύω ότι είναι λάθος. Οδηγεί σε μια τεχνοκρατική, διαχειριστική πολιτική που δεν μπορεί να εμπνεύσει τους πολίτες να συμμετέχουν...**»

Ευτυχώς που αυτή η χώρα έχει τη «γονιμότητα» της μητέρας-γης που μπορεί να γεννάει «Μαρίνους Αντύπες»...

24

ΑΡΘΡΟ 8⁰ – ΠΡΩΤΗ ΔΗΜΟΣΙΕΥΣΗ 4/2/2014

Η ΗΘΙΚΗ ΤΡΟΜΟΚΡΑΤΙΑ ΚΑΙ ΤΑ ΠΡΟΣΤΙΜΑ

Και ενώ φαίνεται ημέτεροι και Τρόικα να κάνουν σκυταλοδρομία, παραδίδοντας ο ένας στον άλλο την σκυτάλη για την κατατρομοκράτηση του μικρομεσαίου φορολογούμενου επαγγελματία/επιχειρηματία, πάνω από ενάμισι εκατομμύριο άνεργοι στέκονται στην ουρά για το επίδομα ανεργίας και χιλιάδες άστεγοι κοιμούνται στους δρόμους.

Η μικρομεσαίοι επαγγελματίες/επιχειρηματίες αποτελούσαν ανέκαθεν τη ραχοκοκαλιά της οικονομίας της χώρα μας. Και αυτό είναι μια αξιωματική οικονομική αλήθεια που πρέπει να συμβαίνει μικροοικονομικά σε όποιο περιορισμένο πληθυσμιακά καταναλωτικό περιβάλλον, προκειμένου να διασφαλίζεται η ισότιμη συμμετοχή όλων στην παραγωγή και εμπορία των αγαθών μιας χώρας, να εξασφαλίζονται σχέσεις συνοχής ανάμεσα στα πληθυσμιακά στρώματα, να ανοίγουν περισσότερες θέσεις εργασίας και να μην συσσωρεύεται ο πλούτος στα ολιγοπώλια ή μονοπώλια, να προστατεύεται εν κατακλείδι η Δημοκρατία.

Αυτή τη ραχοκοκαλιά, με περίσσευμα οίστρου, προσπαθούν να «χειρουργήσουν» , οι παγκοσμίου φήμης «χασάπηδες» των λαών, υποβάλλοντας τους μικρομεσαίους σε δυσβάστακτη φορολογία, ασύμφορες συνθήκες εργασίας και γραφειοκρατικές κρεμάλες.

Η «προστασία» δε έχει φύγει πια από τα χέρια της τοπικής μαφίας και έχει επίσημα μεταβιβασθεί στη χειρότερη μορφή επίσημης παραοικονομίας, τις τράπεζες. Κάθε μικρομεσαίος υποχρεούται να έχει και τον «προστάτη» του, την τράπεζα του, που θα του πουλάει σε μόνιμη βάση προστασία, θα έχει την υψηλή κυριότητα σε όλα του τα υπάρχοντα και κατ' αυτόν τον τρόπο θα φροντίζει να είναι πιστός και υπάκουος «υπήκοος», να πληρώνει όλους του τους φόρους άδικους ή μη.

Και σε περίπτωση που ο «υπήκοος» καταστεί απείθαρχος και ανυπάκουος, τότε έχουν προβλεφθεί και άλλα μέτρα σε «μαύρη ριγέ» συσκευασία περιτυλίγματος –η φυλάκιση.

Η τιμωρία έχει εφευρεθεί από το ανθρώπινο είδος για να αποτρέπει τα εγκλήματα, να αποκαθιστά τις αδικίες και όχι να κλείνει τους ανθρώπους φυλακή.

Θα ήθελα να δω με τι θράσος θα επιβάλλουν το πρόστιμο κάποιων χιλιάδων ευρώ, που ανακοίνωσε η Κυβέρνηση, κατ' εντολών των περιούσιων κατακτητών, σε όποιον ελεύθερο επαγγελματία/επιχειρηματία υποπέσει στο σφάλμα, κατά λάθος, να μην κόψει μια απόδειξη, ποσό που σε καμία περίπτωση δεν μπορεί να πληρώσει ο μέσος μικρομεσαίος ελεύθερος επαγγελματίας/επιχειρηματίας...

Η τρομοκρατία των αποκρουστικά τεραστίων προστίμων, αποτελεί την «ηθική» διαχείριση της διαφθοράς, σε μια χώρα που έφθασε να στερείται ΤΗΝ ΗΘΙΚΗ ΤΗΣ ΔΗΜΟΚΡΑΤΙΑΣ ΤΗΣ.

Αλήθεια, πόσο οξύμωρα περιπεπλεγμένο σχήμα μπορεί να είναι αυτό το ευφυολόγημα των «εμπόρων των εθνών» γηγενών και ξένων...

Και όλα αυτά συμβαίνουν τη στιγμή που η λίστα Λαγκάρντ έχει εξαφανισθεί, όλο το μαύρο χρήμα του ελληνικού μεγαλοκεφαλαίου έχει μεταφερθεί στο εξωτερικό, και όλες οι υποχρεώσεις του είτε προς τράπεζες, είτε προς το Ελληνικό Δημόσιο έχουν αποσιωπηθεί και ΟΛΕΣ ΑΝΕΞΑΙΡΕΤΩΣ ΟΙ ΑΡΧΕΣ ΤΟΥ ΓΥΑΛΙΖΟΥΝ ΤΑ ΠΑΠΟΥΤΣΙΑ...

Και όλα αυτά τη στιγμή που οι ισχυρές χώρες του Ευρωπαϊκού Βορρά, καθίστανται ως οι καινούργιοι «νόμιμοι» φορολογικοί παράδεισοι, όπου το μαύρο χρήμα βαφτίζεται νόμιμο, μόνο και μόνο επειδή δεν ανήκει στο λαό, αλλά σε μια προνομιούχα τάξη, που δεν έχει πατρίδα για να μπορεί να ασκεί εξουσία και έλεγχο σε επίπεδο πλανήτη.

Οι «ανήθικοι» δηλαδή, προσπαθούν να επιβάλλουν την ηθική τάξη, με δυσβάστακτους φόρους και πρόστιμα, εις βάρος των υπόλοιπων λαών προκειμένου να εξυπηρετούν τα ολιγοπώλια και τα καρτέλ, που έχουν στήσει με τις συνεργασίες τους με τις «πολιτικές και οικονομικές πολυεθνικές». Και δεν είναι τυχαίο, ότι κάθε μεγάλη οικονομική πολυεθνική έχει στήσει την έδρα της Ευρωπαϊκής θυγατρικής της, σε χώρες όπως η Ολλανδία και η Γερμανία...

Η κατευθύνσεις , οι ντιρεκτίβες λοιπόν της «κατοχικής κυβέρνησης» είναι σαφείς:

-ΑΝΟΙΧΤΟ ΠΕΔΙΟ ΔΡΑΣΗΣ ΣΤΑ ΟΛΙΓΟΠΩΛΙΑ ΚΑΙ ΜΟΝΟΠΩΛΙΑ

- ΔΗΜΕΥΣΗ ΚΙΝΗΤΗΣ ΚΑΙ ΑΚΙΝΗΤΗΣ ΠΕΡΙΟΥΣΙΑΣ ΤΟΥ ΜΕΣΟΥ ΠΟΛΙΤΗ ΕΤΣΙ ΩΣΤΕ ΝΑ ΜΗΝ ΕΧΕΙ «ΨΗΦΟ» ΣΤΗΝ ΑΝΤΙΔΡΑΣΗ, ΣΤΗΝ ΑΝΑΤΡΟΠΗ.

«Η αναγεννησιακή δύναμη της κατακόμβης δημιουργεί μάρτυρες της προόδου και της εξέλιξης, φτιάχνει καινούργιες συστημικές δομές αιχμαλωσίας του ανθρώπου -ΑΥΤΟ ΕΙΝΑΙ ΤΟ ΔΟΓΜΑ ΤΟΥ ΣΟΚ – ΤΟ ΔΟΓΜΑ ΤΗΣ ΦΤΩΧΕΙΑΣ»
Απόσπασμα από «ΤΟ ΔΟΓΜΑ ΤΗΣ ΦΤΩΧΕΙΑΣ»

Και η ανεργία και η πείνα και η εξαθλίωση, θα γεμίζουν τους δρόμους από ανθρώπινα φαντάσματα, που θα βγαίνουν μόνο την νύχτα, φοβούμενοι ότι εάν βγουν την ημέρα δεν θα τρομάξουν μόνο τους περαστικούς , αλλά και τους ίδιους τους εαυτούς τους...

ΑΡΘΡΟ 9° –ΠΡΩΤΗ ΔΗΜΟΣΙΕΥΣΗ 11/2/2014

Η ΕΚΕΧΕΙΡΙΑ ΤΟΥ ΠΛΕΟΝΑΣΜΑΤΟΣ ΚΑΙ ΤΟ ΠΡΟΣΗΜΟ ΤΟΥ ΠΛΕΟΝΑΣΜΑΤΙΚΟΥ ΣΕΙΣΜΟΥ...

Οι καταστροφές στην Κεφαλονιά, από τον ανηλεή σεισμό και τους μετασεισμούς, είναι τουλάχιστον τραγικές. 50% των κατοικιών έχουν κριθεί μη κατοικήσιμες, εκατοντάδες μικρομεσαίες επιχειρήσεις διαλύθηκαν, ενώ το πλιάτσικο καλά κρατεί...

Η οργή και απόγνωση των πληγέντων έχουν φθάσει και αυτές στο κόκκινο, καθώς η αντοχές τους έχουν πλέον εξαντληθεί. Η τουριστική δε οικονομία του νησιού βουλιάζει μαζί με την ψυχολογία του.

Οι επιπτώσεις του σεισμού αφορούν, όχι μόνο την σημερινή εφιαλτική κατάσταση με τους κατοίκους του νησιού να έχουν κηρυχθεί άστεγοι, και την οικονομία του να διολισθαίνει απότομα, αλλά και τους προβλεπόμενους δείκτες της μελλοντικής τουριστικής και αγροτικής ανάπτυξης να μειώνονται δραματικά.

Σε μια ήδη λεηλατημένη Ελληνική κοινωνία από αιματηρούς φόρους, χαράτσια, περικοπές σε μισθούς και συντάξεις και ανεπαρκείς κοινωνικές παροχές, ο σεισμός έρχεται να δώσει το τελειωτικό χτύπημα στους δοκιμαζόμενους κατοίκους της Κεφαλονιάς.

Τα μέτρα που έρχονται να ανακουφίσουν τους πληγέντες από πλευράς του κράτους, δεν αποτελούν τίποτε άλλο παρά μια κοπιαρισμένη συνταγή των μέτρων, που είχαν ληφθεί στο σεισμό του 1999, στην Αθήνα και βεβαίως λειτούργησαν αποτελεσματικά, αλλά για την εποχή και τις ανάγκες που τότε υπηρέτησαν.

Σήμερα σε μια άλλη εποχή, όπου οι οικονομικές συγκυρίες αποτελούν ανασκευασμένο επιχείρημα της φιλοσοφίας του καπιταλισμού και απειλούν πλέον με ορθή, προσανατολισμένη κάνη, τις κοινωνικές εγγυήσεις της κάθε Πολιτείας απέναντι στους πολίτες της, το πρόσημο του «πλεονασματικού» σεισμού φαίνεται να είναι θετικό... όπως το πρόσημο του πλεονάσματος της καινούργιας χρονιάς...

Μέλλει να αποδειχθεί, αν το πρόσημο του πλεονάσματος, θα αποβεί θετικό και για τις κοινωνικές ανάγκες της διερρηγμένης συνολικά ελληνικής οικονομίας αλλά και τις επιμέρους ανάγκες της κατεστραμμένης Κεφαλονιάς και δεν διοχετευθεί στο μεγαλύτερο μέρος του προς κάλυψη του χρέους απέναντι στους δανειστές...

Οι επιδοτήσεις ενοικίου, το εφάπαξ ποσό για τις οικοσκευές, οι υποτυπώδεις φορολογικές και τραπεζικές ελαφρύνσεις σε ιδιώτες και επιχειρήσεις, καθώς και τα δάνεια που συνιστούν για την ανακατασκευή των σπιτιών με 80% συμμετοχή κρατικής επιδότησης και 20% άτοκη συμμετοχή του ιδιώτη, αποτελούν ελλιπή και σχηματοτεχνική προσέγγιση της αντιμετώπισης των αναγκών της Κεφαλλονίτικης κοινωνίας, προκειμένου να σταθεί στοιχειωδώς στα πόδια της.

Και αυτό γιατί, όσο και αν οι επιδοτήσεις ενοικίου, οι οποίες είναι φυσικά περιορισμένης χρονικής διάρκειας, λύσουν το πρόβλημα της προσωρινής στέγασης, η μόνιμη στέγαση δεν παύει να είναι το ζητούμενο για τον μέσο πληγέντα, και αυτό το πρόβλημα δεν λύνεται με δανεισμούς, τους οποίους δεν μπορεί να σηκώσει στην πλάτη του. Γιατί και η συμμετοχή του 20% θεωρείται δυσβάστακτη, αλλά και μη πραγματιστική.

Η πλεονασματική «εκεχειρία» λοιπόν του τρέχοντος έτους, θα έπρεπε να δίνει τουλάχιστον την δυνατότητα στο κράτος να ασκήσει μέτρα πρόνοιας, στον ύψιστο βαθμό, στα οικονομικά στρώματα της Κεφαλονιάς που δεν μπορούν να αντιπεξέλθουν στο δανεισμό, με βάση τα εισοδηματικά τους κριτήρια και τις ήδη τρέχουσες υποχρεώσεις τους προς τράπεζες και δημόσιο, που σημαίνει να επιδοτήσει ολοκληρωτικά τις ανακατασκευές των «κόκκινων» σπιτιών σε αυτές τις οικονομικά ασθενέστερες ομάδες.

Και αυτό ναι, μπορεί να αποτελέσει μια πρώτη εμπράγματη εγγύηση ότι το πλεόνασμα δεν αποτελεί ένα «ουτοπικό» επιχείρημα, προκειμένου να εξυπηρετηθούν και πάλι οι «καλοί» μας δανειστές...

ΑΡΘΡΟ 10° –ΠΡΩΤΗ ΔΗΜΟΣΙΕΥΣΗ 19/2/2014

Η ΕΥΘΑΝΑΣΙΑ ΤΗΣ ΑΝΤΙΔΡΑΣΗΣ ΜΕΣΩ ΤΩΝ ΚΑΙΡΙΚΩΝ ΦΑΙΝΟΜΕΝΩΝ - THE WEATHER GATE

Το σύμπαν συνωμοτεί και επιτίθεται στους ανθρώπους της Δύσης, ή οι φυσικές καταστροφές αποτελούν σήμερα καινούργιο προβοκατατόρικο όπλο στα χέρια εκείνων που προσπαθούν να ρυθμίσουν τη μοίρα και ώρα του πλανήτη;

Δοκιμάζεται η Αμερική από τις δύσκολες καιρικές συνθήκες του χιονιά και δικάζεται από τα Θεία, ο μέσος Αμερικάνος πολίτης, για τα εγκλήματα που έχουν διαπράξει οι πολιτικοί και οικονομικοί αρχηγοί του, απέναντι στην ανθρωπότητα.

Καταστρέφονται άνθρωποι και περιουσίες στην Βρετανία από τις «αδίστακτες» πλημμύρες. Απολογείται ο μέσος Βρετανός στο Θεό του, για το αμάρτημα της κυριαρχικής εξουσίας, που ασκούσε η πολιτική και οικονομική του τάξη πάντοτε στον κόσμο.

Οι αφύσικες καιρικές συνθήκες αποτελούν σήμερα το καινούργιο όπλο πολέμου στα χέρια της πολιτικής και οικονομικής ολιγοκρατίας, προκειμένου να σπείρουν το φόβο και έτσι να ελέγχουν το συνειδητό και ασυνείδητο των υπηκόων τους και να κατανέμουν πλούτο και εξουσία όπως αυτοί ορίζουν...

Ο καιρός και τα λεγόμενα «φυσικά» φαινόμενα, θεωρούνται και ως τα απόλυτα όπλα, για να μπορεί μια χώρα να κυριαρχεί έναντι άλλων που θεωρεί «εχθρικές», άσχετα βέβαια εάν σήμερα δε υπάρχουν εχθρικές χώρες παρά μόνο εχθρικά συμφέροντα...

Η προσπάθεια να οπλοποιηθεί ο καιρός, έχει φτάσει σε «επιστημονική» αρτιότητα αποσταθεροποίησης του κλίματος/θερμοκρασίας ανά περιοχή/κράτος, με στόχο την αποσταθεροποίηση της παραγωγικής, κοινωνικής, πολιτικής δραστηριότητας ανά περιοχή/κράτος, ανάλογα με τα κυριαρχικά συμφέροντα που κάθε φορά αναπτύσσονται.

Οι Ηνωμένες Πολιτείες της Αμερικής έχουν ενσωματώσει την Μετεωρολογική τους Υπηρεσία στην Εθνική Υπηρεσία

Ασφάλειας, κατηγοριοποιώντας τις καταστροφές και απειλές από το κλίμα, στην ίδια κατηγορία με αυτήν της τρομοκρατίας... άσχετα αν αυτή χρησιμοποιείται εντός και εκτός συνόρων, άσχετα αν θυματοποιούνται εχθροί και φίλοι, πάντα στο όνομα της «σχετικής» ειρήνης, πάντα στο όνομα της Δημοκρατίας της «βίας»...

Η εταιρία DARPA μέσω της CIA, χρηματοδοτεί πρόγραμμα σήμερα, για το πώς μπορεί να ελεγχθεί τεχνικά η ηλιακή ακτινοβολία σε συνδυασμό με την εκπομπή CO_2. Έτσι κατάφεραν οι Κινέζοι το 2008 να αποφύγουν τις βροχοπτώσεις κατά τη διάρκεια των Ολυμπιακών αγώνων.

Ο βραβευμένος μετεωρολόγος Scott Stevens, ισχυρίζεται ότι ο τυφώνας Sandy δεν ήταν απλό μετεωρολογικό φαινόμενο, αλλά άλλη μια τραγική απόδειξη της γεωμηχανικής, της χειραγώγησης δηλαδή των φυσικών φαινομένων...

Αναφέρει χαρακτηριστικά ο Stevens σε μια γενικότερη αποτύπωση των καρακτηριστικών της γεωμηχανικής και της χρήσης της : «...χρησιμοποιούν τα καιρικά φαινόμενα ως όπλα για να δημιουργήσουν ακραίες καταστάσεις, τις οποίες εκμεταλλεύεται η παγκόσμια κυβέρνηση, αυτή η κυβέρνηση στην οποία πληρώνουμε τους ρύπους μας».

Ο τυφώνας Sandy δημιουργήθηκε, για να κινήσει τα λιμνάζοντα νερά της αποδιοργανωμένης αμερικάνικης οικονομίας με την ανοικοδόμηση και τις επισκευές.

Ο τυφώνας Sandy κατασκευάσθηκε, για να θυμίζει πόσο ανίσχυρος είναι και ο ίδιος ο πολίτης που ζει και αναπνέει στα όρια αυτής της υπερδύναμης ως «φιλικός υπήκοος», πόσο μάλλον για να οικοδομεί ισχυρότερα φοβικά σύνδρομα στους υπόλοιπους πολίτες του κόσμου...

Σήμερα που έμαθε ο κόσμος τι σημαίνει χειροκίνητος μαζικός πόλεμος, που αρχίζει να μαθαίνει τι σημαίνει υποδόριος οικονομικός πόλεμος, οι ρομποτικοί εγκέφαλοι του συστήματος έχουν εφεύρει καινούργια όπλα «ευθανασίας» της αντίδρασης, που δεν είναι άλλα από την χειραγώγηση των καιρικών φαινομένων.

Σήμερα που οι λαοί καταλαβαίνουν και αντεπιτίθενται πιο εύκολα στην εξαρτητοποίηση και εμπορευματοποίηση του μέλλοντός τους, που καταλαβαίνουν και αντιστέκονται πιο σθεναρά στις συνωμοσιακές αποικιοκρατίες, εφηύραν κι άλλους τρόπους συνειδησιακής παρενόχλησης του πολίτη, που συνίστανται στην χειραγώγηση των καιρικών φαινομένων...

ΑΡΘΡΟ 11° – ΠΡΩΤΗ ΔΗΜΟΣΙΕΥΣΗ 25/2/2014

ΟΜΟΚΕΝΤΡΕΣ ΑΠΟΙΚΙΕΣ ΠΕΤΡΕΛΑΙΟΥ – THE OIL COLONIES

Ρώσοι και αμερικανοάραβες επενδυτές αίρουν τις γραφειοκρατίες και τα προγράμματα προστασίας του περιβάλλοντος, προκειμένου να τονώσουν την αναπτυξιακή ελπίδα των νησιών, σε εποχές που ακόμη και ο τουρισμός, λόγω της τεχνητής κρίσης, δεν καθίσταται αρκετός να τονώσει τις οικονομίες της περιφέρειας και των νησιών.

Τα μεγάλα συμφέροντα και οι πολυεθνικές πετρελαίου και φυσικού αερίου, εγκαθίστανται σιγά σιγά, στήνοντας τα στρατηγεία τους, ως δυνητικοί γεωθαλασσοκτήμονες της ευρύτερης ζώνης της εθνικής μας κυριαρχίας από στεριάς και θάλασσας.

Το προκάλυμμα της τουριστικής και πολιτισμικής ανάπτυξης μιας λεηλατημένης χώρας, με την επέλαση των σωτήρων/μνηστήρων, δεν αποτελεί παρά μια Οργουελιανή, θεατρικά σκηνοθετημένη συγκυρία, που θα ερμηνεύσει τις Ομηρικές ερινύες για την περιπέτεια του Οδυσσέα...

Ο Καθηγητής Γεωλογίας του Πανεπιστημίου Κρήτης, κ. Α. Φώσκολος, ο οποίος είναι και σύμβουλος της Καναδικής Κυβέρνησης στην αναζήτηση και εκμετάλλευση γαιανθράκων, κατόπιν ενδελεχών ερευνών, διαπίστωσε τεράστιες ποσότητες πετρελαίου και φυσικού αερίου στο υπέδαφος της Ελλάδας και συγκεκριμένα στο Αιγαίο, Ιόνιο και Νότια Κρήτη, τις οποίες εάν η Ελλάδα μπορούσε να εκμεταλλευτεί θα προαγόταν σε μια από τις πλουσιότερες χώρες του κόσμου.

Το πετρέλαιο και το φυσικό αέριο λοιπόν, θα αποτελέσουν τα σύγχρονα bonds –ομόλογα, που θα αγοράσουν οι καμουφλαρισμένοι μνηστήρες του διεθνούς κεφαλαίου, μέσω της αγοράς των νησιών μας και θα τα χρησιμοποιήσουν ως όργανα χρέους του εκδότη ομολόγων ,ημών δηλαδή, στους κατόχους τους, εκείνων δηλαδή, στους χρηματοδοτικούς δανεισμούς που μας επιβάλλουν σε μόνιμη βάση, προκειμένου να καλύψουμε τα βασικά έξοδα συντήρησης ενός κράτους , που οι ίδιοι φρόντισαν να διαλύσουν.

Αυτά είναι τα λεγόμενα ομόλογα ασφαλείας, με τα οποία οι κατέχοντες την έκδοσής τους, εμείς δηλαδή, θα αποπληρώσουμε τα χρέη μας σε μια μεταγενέστερη ημερομηνία, την «ωριμότητα» ημερομηνία, που κατά εντελώς τυχαία κληρωμένο τρόπο, θα αποτελέσει την ημερομηνίας εξάντλησης των όποιων αποθεμάτων γεωθαλάσσιου ορυκτού πλούτου διαθέτουμε.

Αυτές τις συνθήκες έχει επιβάλλει το διεθνές κεφάλαιο, σε στενή συνεργασία με την πολιτική διοίκηση της Ευρώπης, για να καθιστά μέχρι σήμερα την Ελλάδα δέσμια των δανεισμών, αλλά και των ίδιων των παθογενειών της.

Έχω πάψει να εμπιστεύομαι ακόμη και αυτές τις υποτιθέμενες περιοριστικές Ευρωπαικές περιβαντολλογικές συνθήκες, που με βάση τις οποίες, για την δήθεν προστασία του περιβάλλοντος, οι εκάστοτε Κυβερνήσεις μας, υπακούοντας πιστά στις Ευρωπαικές ντιρεκτίβες , απέτρεπαν κάθε μορφή εγχώριας εκμετάλλευσης του υπεδάφους της χώρας μέχρι σήμερα.

Η ελεγχόμενη πτώχευση Ελλάδας και Κύπρου, που τυγχάνει να αποτελεί επίσης πλουτογενή ζώνη σε πετρέλαιο και φυσικό αέριο, δεν οδηγεί πουθενά αλλού παρά στην σκαιά εκμετάλλευση των μεγαλύτερων κοιτασμάτων γεωθαλάσσιου πλούτου, μεγαλύτερου και από αυτού της Αλάσκας, καθώς και στην αγορά και εξασφάλιση του γεωπολιτικού ελέγχου σε Μεσόγειο και Μέση Ανατολή.

34

ΑΡΘΡΟ 12° – ΠΡΩΤΗ ΔΗΜΟΣΙΕΥΣΗ 5/3/2014

ΚΥΠΡΟΣ – Η ΣΙΩΠΗ ΤΩΝ ΥΔΡΟΓΟΝΑΘΡΑΚΩΝ

Δέκα χρόνια μετά την αποτυχία του σχεδίου Ανάν, η Δύση αποφάσισε ότι έπρεπε να επανέλθει με δριμύτερες πιέσεις προς την Κυπριακή Δημοκρατία, προκειμένου να εκμεταλλευτεί ολοσχερώς τον γεωθαλάσσιο πλούτο της, καθώς και να ανασυγκολλήσει γεωπολιτικά τον άξονα Τουρκίας – Ισραήλ.

Εκβιασμοί και απειλές, που δεν βλέπουν το φως της δημοσιότητας, αποσκοπούν να καταστήσουν την Κυπριακή Δημοκρατία όμηρο μιας άθλιας πολιτικής εκμετάλλευσης των υδρογοναθράκων της.

Οι εκτελεστικοί τρομοκράτες της Δύσης (βλέπε Νταβούτογλου) πλειοδοτούν στην χάραξη στρατηγικής διχοτόμησης της ήδη διχοτομημένης Κύπρου... εάν δεν υποκύψει στις πιέσεις παραχώρησης του γεωθαλάσσιου πλούτου της.

Και επειδή οι εκτελεστηκάριοι του όποιου εγκλήματος έχουν πάντα οικονομικό έπαθλο τη μίζα, η μίζα της Τουρκίας που παίζει αυτό τον ρόλο στην προκειμένη περίπτωση, είναι η διέλευση των αγωγών φυσικού αερίου μέσα από αυτήν.

Το φυσικό αέριο είναι μίγμα υδρογονανθράκων σε αέρια κατάσταση, πολύ καθαρό, χωρίς προσμείξεις και θειούχα συστατικά γι' αυτό και αποτελεί το φιλικότερο συμβατικό καύσιμο στο περιβάλλον και στον άνθρωπο. Είναι μια φυσική μορφή ενέργειας, που μπορεί να χρησιμοποιηθεί χωρίς ιδιαίτερη επεξεργασία και όπως κάνει τέλεια καύση έτσι μπορεί να γίνει και τέλεια εμπορεύσιμο!

Η πλάνη με το νέο πλαίσιο λύσης, των Αναστασιάδη –Έρογλου, αποδυναμώνει την Κυπριακή Δημοκρατία εφόσον δεν γίνεται καμία αναφορά σε εισβολή, κατοχή, ούτε καν στις αποφάσεις και τα ψηφίσματα του Παγκόσμιου Συμβουλίου Ασφαλείας και του ΟΗΕ, ενώ το ψευδοκράτος αποκτά την ίδια διεθνή υπόσταση με την ανεξάρτητη Κυπριακή Δημοκρατία...

Διπλός ο στόχος :
-η εκμετάλλευση των υδρογονανθράκων

-και ο έλεγχος της πολιτικής εξουσίας στη Μεσόγειο και τη Μέση Ανατολή

Για τους ίδιους λόγους αποσχίστηκε στο παρελθόν η Κύπρος από την Ελλάδα και διχοτομήθηκε.

Για τους ίδιους λόγους φτωχοποιήθηκε ο λαός και των δύο χωρών...

Τα διεθνή κέντρα πολιτικής και οικονομικής εξουσίας δημιουργούν έναν πόλεμο εμφύλιο, τοπικό ή περιφερειακό, διαβρώνουν όλες τις δομές των κρατών, μυούν κυβερνόντες και πολίτες στο δανεισμό και έτσι μοιραία φτωχοποιούν τα κράτη που στέκονται εμπόδιο στην κυριαρχία όχι πια την εδαφική αλλά την κυριαρχία του κεφαλαίου, την κυριαρχία του καπιταλισμού.

Η εξέλιξη του όρου «Πόλεμος» σε «Διαπραγματευτική Ειρήνη» δεν αλλάζει την ουσία των συνεπειών του, η μόνη διαφορά είναι ότι πραγματοποιείται πια με όρους «εδαφικής ακεραιότητας». Αλλάζει βέβαια τον όρο «Ειρήνη» σε μια Ειρήνη που έχει χάσει την ηθική της όπως θα έλεγε και ο Καντ...

Το σχέδιο αυτό δυστυχώς δεν αποτελεί θεωρία συνωμοσίας, αλλά ιστορικό ντοκουμέντο πια. Ο δρόμος της Διχοτόμησης είναι πλέον ανοιχτός...

Και συνεχίζω:

Για τους ίδιους λόγους και με τους ίδιους τρόπους διχοτομήθηκε η Γιουγκοσλαβία.

Για τους ίδιους λόγους και με τους ίδιους τρόπους διχοτομήθηκε η Παλαιστίνη.

Για τους ίδιους λόγους και με τους ίδιους τρόπους ενδέχεται να διχοτομηθεί το Ιράν, και η Ουκρανία.

Για τους ίδιους λόγους και με τους ίδιους τρόπους ενδέχεται να παλαιστινιοποιηθεί η Κύπρος...

ΑΡΘΡΟ 13⁰ –ΠΡΩΤΗ ΔΗΜΟΣΙΕΥΣΗ 11/3/2014

Η ΝΟΣΟΣ ΤΟΥ ΝΕΟΝΑΖΙΣΜΟΥ – THE NEO-NAZISM DISEASE

Τα νεοναζιστικά μορφώματα εξαπλώνονται ως θανάσιμη αρρώστια, που μαστίζει τον κόσμο της Δημοκρατίας. Καθημερινά μυούνται, προσβάλλονται όλο και περισσότεροι πολίτες ανά τον κόσμο από την Νόσο του Νεοναζισμού.

Τα στρατιωτικά παιχνίδια της Δύσης φαίνεται ότι εξαπλώνονται γεωστρατηγικά σε όλα τα σημεία του πλανήτη, χρησιμοποιώντας πολλές φορές ως Πυλώνα την Ευρώπη, πάντα με στόχο τον πολιτικό και οικονομικό έλεγχο των κρατών, μέσα από την εκπόρνευση της Δημοκρατίας τους.

Νεοναζιστικά κόμματα και εθνικιστικά σχήματα χρηματοδοτούνται από τη Δύση, με βασικό, αντικειμενικό σκοπό τον πολιτικό έλεγχο, μέσα από εμφυλιοπολεμικές τακτικές και τον οικονομικό έλεγχο με παροχές προστασίας, νταβαντζιλίκι δηλαδή, στα κυριαρχικά δικαιώματα του εθνικού τους πλούτου.

Οι χούντες έπαψαν να είναι στη μόδα , καθότι οι λαοί είναι ψυλλιασμένοι και τις έχουν απορρίψει και τα στρατιωτικά σώματα έχουν εκδημοκρατισθεί στις περισσότερες χώρες του κόσμου.

Η Νόσος του Νεοναζισμού φαίνεται να αποτελεί το δημοφιλές όπλο, που ξεδιπλώνει συνειδήσεις, απορροφά την αγανάκτηση και το θυμό των λαών, δίνει την ευκαιρία να τιμωρηθούν τα έκλυτα πολιτικά ήθη, χρησιμοποιώντας την έννοια της ηθικής όχι ως κοινωνική προστασία του ανθρώπου, αλλά ως σκληρό τιμητή του ρατσισμού, της βίας, του συντηρητισμού, εν κατακλείδι του φασισμού.

Το κυριότερο είναι ελεγχόμενη, γιατί δεν αποκτά την εξουσία όπως οι χούντες που είναι πια ξεπερασμένες, δρα ως πολιτική αυταπάτη στα μάτια των λαών και απειλεί τόσο όσο, για να επιδρά ως αντίβαρο σε όποια πολιτική δύναμη ή κίνημα έχει το θράσος να διεκδικήσει για τα συμφέροντα του λαού που υπηρετεί, να απεξαρτηθεί από τον όποια πολιτική και οικονομική «προστασία».

Βάφεται με αίμα η Κριμαία, πνίγεται από τον εμφύλιο η Ουκρανία. Δυτικός και Ασιατικός νεοφιλελευθερισμός χορεύουν

37

με εθνικιστικές, ευρωπαικές και ασιατικές αμφιέσεις στους δρόμους, τις πλατείες , τα χαρακώματα ενός λαού που έχει χάσει την ταυτότητα του, που έχει μπερδέψει την ευημερία με την είσοδό του στην δυτικότροπη Ευρώπη και την πολιτική ασυλία με την παραχώρηση των κυριαρχικών του δικαιωμάτων στη Ρωσία...

Και ιδού το ερώτημα : Πόσο καλά στημένο μπορεί να είναι το παιχνίδι του μαύρου και κόκκινου φασισμού, έτσι ώστε ποτέ καμιά χώρα να μην ανήκει ουσιαστικά στο λαό της, αλλά να μοιράζεται ισοβαρώς στα δύο στρατόπεδα;;;

Μόλις ο Ψυχρός Πόλεμος έπαψε να αποτελεί Χολιγουντιανή παραγωγή και να παραμυθιάζει τους λαούς ότι χρειάζεται προστασία είτε από Αμερική είτε από Ρωσία, εφευρέθηκαν άλλες τεχνικές, που θα καθιστούσαν αρκετά φοβικό το σενάριο του διαίρει και βασίλευε...

ΑΡΘΡΟ 14^ο –ΠΡΩΤΗ ΔΗΜΟΣΙΕΥΣΗ 18/3/2014

ΓΕΩΤΡΟΜΟΚΡΑΤΙΑ – TERRARISM

Το Boeing 777 της Μαλαισιανής αεροπορικής εταιρίας, στο οποίο επέβαιναν 239 επιβάτες, χάθηκε ξαφνικά τις πρώτες πρωινές ώρες της 8^{ης} Μαρτίου, χωρίς να εκπέμψει κανένα σήμα κινδύνου.

Οι αστυνομικές αρχές της Μαλαισίας, που ερευνούσαν την μυστηριώδη εξαφάνιση της πτήσης MH370, στάθηκαν μη επαρκείς για να διαγνώσουν από την αρχή, ότι το Boeing 777 άλλαξε σκόπιμα πορεία.

Και τότε ήρθε η «Αμερικάνικη βοήθεια», ως από μηχανής Θεός, να υποστηρίξει τις προσπάθειες της Μαλαισιανής Κυβέρνησης, να ανακαλύψει ότι ανθρώπινο χέρι είχε απενεργοποιήσει τα συστήματα επικοινωνιών του αεροσκάφους.

Εντελώς «τυχαία», δύο μέρες πριν χαθεί το Boeing, η υπηρεσία πολιτικής αεροπλοΐας των ΗΠΑ, είχε εκδώσει μια πολύ σημαντική ανακοίνωση που αφορά στα αεροσκάφη αυτά, ότι κινδυνεύουν από απότομη αποσυμπίεση στο πιλοτήριο.

Κι αφού επιβεβαιώθηκε ότι πρόκειται για τρομοκρατική ενέργεια, Κινέζοι μάρτυρες αναλαμβάνουν την ευθύνη, γιατί όλα πάντα γίνονται με πρόσχημα τη θρησκεία και τον εθνικισμό (βλέπε Οσάμα Μπιν Λάντεν), με αντίστοιχο ηλεκτρονικό μήνυμα : «Σκοτώσατε έναν της φυλής μας, θα σκοτώσουμε 100 δικούς σας...».

Με λίγα λόγια, η εξαφάνιση του αεροπλάνου ήταν προμελετημένη τρομοκρατική ενέργεια, με έτοιμο σενάριο και ατάκες θυμάτων όπως και θυτών, με τον ίδιο στόχο να χρησιμοποιηθεί ως πύραυλος κρουζ, όπως έκαναν οι τρομοκράτες της 11ης Σεπτεμβρίου, με τα σκηνικά στημένα, προσανατολισμένα πάλι στη Δύση, μόνο που τώρα η απειλή είναι Κινέζικης προελεύσεως- «Made in China»!

Το στενό θαλάσσιο πέρασμα Μαλαισίας-Ινδονησίας που ενώνει τον Ειρηνικό Ωκεανό με τον Ινδικό, αποτελεί πέρασμα μεγάλης γεωστρατηγικής σημασίας, για τις ΗΠΑ που στοχεύουν μέσω της γεωπολιτικής κατοχής Ασίας – Ειρηνικού να παρεμποδίσουν την Κίνα να εξελιχθεί σε παγκόσμια υπερδύναμη και ταυτόχρονα να καλύπτει τα νώτα της Ρωσίας , καθώς και να ελέγχουν όλες τις εμπορικές και πετρελαικές συναλλαγές ,μεταφέροντας στρατιωτική δύναμη στο συγκεκριμένο πέρασμα...

Την ίδια στιγμή που συμβαίνουν όλα αυτά, καταρρέουν δύο μεγάλα κτίρια από έκρηξη στο Χάρλεμ των ΗΠΑ και στοιχίζουν τη ζωή σε 8 ανθρώπους (ΤΟ ΞΕΚΑΡΦΩΜΑ).

Την ίδια στιγμή, το δημοψήφισμα στην Κριμαία βγάζει 97% υπέρ της ένωσης με τη Ρωσία.

Την ίδια στιγμή που η «καυμένη» Δύση υποφέρει και απειλείται από όλους, ο πιλότος του Μαλαισιανού αεροπλάνου κατηγορείται, ότι η ακτιβιστική του δράση συνδέεται άμεσα με την αεροπειρατεία, που έχει ως λογική συνέπεια την τρομοκρατική ενέργεια.

Έχω μεγάλη περιέργεια να δω τι άλλο θα συμβεί, σε μια εποχή που η προβοκάτσια έχει εξελιχθεί σε στρατηγική εξόντωσης της ανθρώπινης αντίδρασης, απέναντι στην κατεστημένη πολιτική και οικονομική εξουσία επί του πλανήτη.

Έχω μεγάλη περιέργεια να δω, εν τοις πράγμασι πια, την ποινικοποίηση του ακτιβισμού, που φαίνεται ότι έχει αρχίσει να γίνεται επικίνδυνος για τα σχέδια όσων σχεδιάζουν να κτητορεύσουν το μέλλον μας.

Έχω μεγάλη περιέργεια, να δω το φως που θα πέσει από τα τωρινά θλιβερά εγκλήματα στα εγκλήματα του παρελθόντος, και θα αποκαλύψει τι πραγματικά συνέβηκε στις 11 Σεπτέμβρη του 2001.

Έχω μεγάλη περιέργεια να δω, σε μια εποχή που η προβοκάτσια αποτελεί ένα από τα ισχυρότερα όπλα της μαχητικής προπαγάνδας στην ψυχολογία της μάζας, εξαιτίας των πολιτικών και οικονομικών κρίσεων και σπέρνει το θάνατο με τα συνθήματα της «προστασίας επί της ειρήνης», πόσο καλά πουλάει η τρομοκρατία, που τείνει να γίνει πολυεθνικό προιόν και να παίζει με τη μοίρα των λαών...

ΕΧΩ ΜΕΓΑΛΗ ΠΕΡΙΕΡΓΕΙΑ ΝΑ ΔΩ, ΠΟΙΟΙ ΕΙΝΑΙ ΤΕΛΙΚΑ ΟΙ ΠΡΑΓΜΑΤΙΚΟΙ ΤΡΟΜΟΚΡΑΤΕΣ ΚΑΙ ΠΟΙΕΣ ΟΙ ΓΕΩΤΡΟΜΟΚΡΑΤΙΚΕΣ ΤΟΥΣ ΑΣΚΗΣΕΙΣ ΕΠΙ ΧΑΡΤΟΥ...

ΜΕΤΑΝΑΣΤΕΣ ΧΩΡΙΣ ΣΥΝΟΡΑ - IMMIGRANTS WITHOUT BORDERS

Και οι ανθρωποθυσίες του φασισμού και του ρατσισμού φαίνονται ατέρμάτιστες . Η οδύσσεια των μεταναστών περιλαμβάνει πειράματα βασανισμού και θανάτου, σε αθώα θύματα πολέμου. Ενός πολέμου, που πια δεν έχει διασυνοριακές γραμμές, αλλά φαντάζει φανατικός δήμιος σε ότι διαταράσσει τις ομαλές συναλλαγές του διεθνές πολιτικού και οικονομικού κεφαλαίου, με αποτέλεσμα να δημιουργεί «μετανάστες χωρίς σύνορα».

Στο Αιγαίο κείτονται εκατοντάδες ανθρώπινες ψυχές, που αναγκάστηκαν ακούσια να διασφαλίζουν την δική μας ηρεμία και «υποτιθέμενη» ασφάλεια, κάνοντας μας συνένοχους στα εγκλήματα κατά της ανθρωπότητας.

Δύο μήνες μετά το ναυάγιο στο Φαρμακονήσι, όπου 12 γυναικόπαιδα έχασαν τη ζωή τους, νέο ναυάγιο σημειώθηκε ανοικτά του Ακρωτηρίου Κόρακας της Λέσβου, με αποτέλεσμα εφτά μετανάστες να πνιγούν και άλλοι δύο να αγνοούνται. Λίγες ώρες αργότερα σε νέο ναυάγιο, αυτή τη φορά στα τουρκικά ύδατα, έξω από την Αλικαρνασσό, πνίγηκαν άλλοι τέσσερις μετανάστες συριακής καταγωγής.

Η εκατόμβη νεκρών προσφύγων στο Αιγαίο θα αποτελέσει μνημείο ντροπής στην ιστορία των πολιτισμών και των Βησσοδόμων , των Αρταξέρξηδων αυτού εδώ του κόσμου...

Ο κύριος λόγος, που δικαιολογούσε ιστορικά την μετανάστευση, ήταν η προσπάθεια επιβίωσης. Το κύμα των προσφύγων, προερχόμενο κυρίαρχα από τον πόλεμο στη Συρία, κατακλύζει τις γείτονες χώρες, υπολογίζοντας στην ανθρωπιά και την φιλοξενία τους.

Αντί αυτού όμως , οι πρόσφυγες αντιμετωπίζουν στην καλύτερη περίπτωση έναν θεσμικού τύπου ρατσισμό, που απελαύνει και επαναπροωθεί ανθρώπους σε χώρες, όπου είτε διώκονται πολιτικά οι ίδιοι είτε βρίσκονται σε εμπόλεμη κατάσταση, λες και αποτελούν μολυσματικό ιό πολέμου...

Οι «πεφωτισμένοι/ illuminati» ηγέτες της Ευρωπαικής Ένωσης, μελετώντας για το πώς αυτά τα μεταναστευτικά και προσφυγικά ρεύματα δε θα προσεγγίσουν την Ευρώπη, αποφάσισαν να υιοθετήσουν πρόσθετες κατασταλτικές δράσεις, όπως η ενεργοποίηση ειδικής ομάδας δράσης με την επωνυμία «Mediterranean Task force» (Ενισχυμένη επιτήρηση των συνόρων στην Μεσόγειο), που σε συνεργασία με τους κατασταλτικούς μηχανισμούς του «Frontex» (Ειδική εκπαίδευση φυλάκων στα σύνορα), θα δημιουργήσουν ένα «τείχος» προστασίας στην Μεσόγειο αρκετά ισχυρό, που δεν θα τους καίει με ηλεκτροφόρα σύρματα όπως στο Άουσβιτς, αλλά θα τους πνίγει είτε κυριολεκτικά είτε μεταφορικά σε κοινωνίες που δεν θα τους νομιμοποιούν, αλλά θα τους κρατούν ομήρους σε καθεστώς σύγχρονης δουλείας , με ηθικό αυτουργό Κυβερνήσεις που δεν θα λαμβάνουν σκόπιμα ανθρωπιστικά μέτρα βελτίωσης της μεταναστευτικής τους πολιτικής.

Έπεσε το «Τείχος του Βερολίνου» και στη θέση του υψώθηκε «Το τείχος των Μεταναστών», γιατί ο «Ψυχρός Πόλεμος» μετεξελίχθηκε σε «Πόλεμο της Ελεύθερης Αγοράς Προϊόντων και Ανθρώπων», κάνοντας όλους εμάς συμμέτοχους σε έναν φοβικό, ρατσιστικό πόλεμο, απέναντι σε όποιον είναι διαφορετικός , για να μην μας κλέψει την μπουκιά από το στόμα, που με τη σειρά μας περισυλλέξαμε ως άλλοι ρακοσυλλέκτες από τα αποφάγια των μνημονίων...

43

ΑΡΘΡΟ 16⁰ –ΠΡΩΤΗ ΔΗΜΟΣΙΕΥΣΗ 1/4/2014

ΝΕΟΤΑΞΙΚΗ ΠΑΛΗ – THE NEW-CLASS CONFLICT

Στις 22 Μαρτίου συναντήθηκαν στο κέντρο της Μαδρίτης οι «Πορείες της Αξιοπρέπειας», που ξεκίνησαν από κάθε γωνιά του Ισπανικού κράτους και αποτέλεσαν την μεγαλύτερη διαμαρτυρία στην ιστορία της Ισπανικής Δημοκρατίας (περίπου 2,5 εκατομμύρια άνθρωποι), καθώς και σημείο αναφοράς για όλες τις Ευρωπαικές χώρες που αγωνίζονται ενάντια στη φτώχεια, την ανεργία και τα μέτρα λιτότητας .

Ο αγώνας τους αποτελεί συμβολισμό της σύγχρονης πάλης, ενάντια στην κατάργηση όλων των κεκτημένων την εργατικής τάξης, καθώς και τον προσδιορισμό του «Νεοταξικού Προβλήματος» ως υπορεαλιστική απεικόνιση της σύγχρονης εξειδικευμένης δουλείας, με τον τρόπο που επιβάλλεται από την σύγχρονη καθεστωτική Ευρώπη, που αντλεί δύναμη από τα «πηγάδια» εξουσίας του φιλελευθερισμού και νεοφιλελευθερισμού, για αυτό και δεν δόθηκε καθόλου δημοσιότητα από τα μιντιακά μεγαθηρία, που προστατεύουν την επικοινωνιακή εικόνα του φιλελευθερισμού και νεοφιλελευθερισμού.

Η «Νεοταξική Πάλη» προσδιορίζεται πάλι από την διαφορά των τάξεων ως προς τα μέσα παραγωγής, την κοινωνική οργάνωση της εργασίας και τον τρόπο κατανομής του πλούτου που παράγεται, όπως καταγράφεται και ιστορικά από τον Μαρξ και Ένγκελς, με την μόνη διαφορά, ότι στις σύγχρονες κοινωνίες προσδιορίζεται και από έναν ακόμη καθοριστικό παράγοντα την καταναλωτική συμμετοχή του εργάτη και του μικρομεσαίου στην απόκτηση αγαθών, που "ανήκουν" παραδοσιακά στην μεγαλοαστική τάξη.

Και ενώ η δουλεία επανέρχεται δριμύτερη, τα παραγωγικά αγαθά έχουν αποκτήσει χαρακτήρα καταναλωτικής κτημοσύνης, έτσι ώστε να δημιουργούνται μαζικά «αυτόχειρες φτωχοί», όπου η συνενοχή τους στο σύστημα θα καταστέλλει τις όποιες αντιδράσεις τους απέναντι στην ιδεολογική φτώχεια του καπιταλισμού, που έχει παραχωρήσει τη θέση του στον φιλελευθερισμό, αλλά και την ιδεολογική φτώχεια του σοσιαλισμού, που έχει παραχωρήσει τη θέση του στο νεοφιλελευθερισμό, εις βάρος της ανθρωπότητας.

44

Εκείνο που στερούνται λοιπόν οι σύγχρονες κοινωνίες είναι το ΜΑΝΙΦΕΣΤΟ ΑΞΙΟΠΡΕΠΕΙΑΣ του σύγχρονου πολίτη του κόσμου. Και αυτό γιατί : .«...πρέπει να υπάρχει στοιχειώδες πλαφόν στην ευμάρεια και οικονομική ανέλιξη των ανθρώπων, που θα αποτελεί το νεκρό σημείο, με βάση το οποίο, όπως και στις επιχειρήσεις θα έχουν αποπληρωθεί όλα τα κόστη της ανθρωπότητας.

Και ποια είναι τα κόστη της ανθρωπότητας: η αποπληρωμή, η εξασφάλιση δηλαδή όλων των κοστολογικών υπολογισμών, όχι μόνο για τη βασική αλλά και την αξιοπρεπή διαβίωση των πολιτών αλλά και των υπόλοιπων ειδών αυτού του πλανήτη...» -Απόσπασμα από «ΤΟ ΔΟΓΜΑ ΤΗΣ ΦΤΩΧΕΙΑΣ»

Και παραθέτω επίσης σχετικό απόσπασμα από το «ΜΑΝΙΦΕΣΤΟ ΤΩΝ ΠΟΡΕΙΩΝ ΤΗΣ ΑΞΙΟΠΡΕΠΕΙΑΣ» στην Μαδρίτη της Ισπανίας:

«Όχι στην πληρωμή του χρέους
Ούτε μια περικοπή παραπάνω
Έξω οι κυβερνήσεις της τρόικας
Ψωμί, δουλειά και στέγη για όλους και όλες

Το 2014 βρεθήκαμε σε μια εξαιρετικά δύσκολη κατάσταση, μια κατάσταση οριακή, έκτακτης κοινωνικής ανάγκης, που μας υποχρεώνει να δώσουμε μια μαζική συλλογική απάντηση της εργατικής τάξης, των πολιτών και των λαών. Εκατομμύρια εργαζομένων βρίσκονται άνεργοι. Είναι ταπεινωτικό να μην βρίσκεις αξιοπρεπή εργασία όταν έχεις τα χέρια για δουλειά, όταν έχεις επαγγελματική πείρα και ικανότητα να εργαστείς χειρονακτικά ή διανοητικά. Σπαταλιέται το συλλογικό ταλέντο μιας κοινωνίας και υποθηκεύεται επ' αόριστον το μέλλον της. Δεν αξίζει στους εργαζόμενους αυτή η προσβολή της συλλογικής μας αξιοπρέπειας.

Εκατοντάδες χιλιάδες οικογένειες έχασαν το σπίτι τους. Δεν υπάρχει τίποτα πιο απάνθρωπο από το να γίνεται έξωση σε μια οικογένεια, μόνο και μόνο για να ικανοποιηθεί η ακόρεστη απληστία των ασυνείδητων τραπεζιτών. Αυτών των τραπεζιτών, που πλουτίζουν τα κράτη υπηρέτες της Τρόικας, ενώ φτωχαίνουν όλο και πιο πολύ την εργατική τάξη και τους πιο ανυπεράσπιστους ανθρώπους.

Και όλα αυτά, ενώ οι εργοδότες επωφελούνται από το δράμα της μαζικής ανεργίας, για να σφίξουν τη ζώνη μειώνοντας τους μισθούς και επιδεινώνοντας τις συνθήκες εργασίας εκείνων που

45

έχουν ακόμα δουλειά, των εργαζόμενων που, μπροστά στη δύσκολη κατάσταση, δεν μπορούν ούτε καν να αμφισβητήσουν το ρόλο τους, των απλών θυμάτων της εκμετάλλευσης του κεφαλαίου. Το σύστημα προσπαθεί να μας υποχρεώσει να δείχνουμε ευγνωμοσύνη στους επιχειρηματίες τους οποίους μετατρέπει σε ευεργέτες της κοινωνίας. **Είναι ώρα να μοιραστούμε την εργασία και τον πλούτο, και οι εργαζόμενοι να μπορούν να αισθάνονται κύριοι του μέλλοντός τους...»**

ΜΗΠΩΣ ΣΑΣ ΘΥΜΙΖΕΙ ΤΑ ΚΟΙΝΑ ΧΑΡΑΚΤΗΡΙΣΤΙΚΑ ΠΟΥ ΕΧΕΙ ΤΕΛΙΚΑ Η ΦΤΩΧΕΙΑ ΣΤΟΝ ΚΟΣΜΟ;

ΜΗΠΩΣ ΘΑ ΠΡΕΠΕΙ ΚΑΙ Η ΔΙΑΜΑΡΤΥΡΙΑ ΝΑ ΕΧΕΙ ΤΑ ΙΔΙΑ ΚΟΙΝΑ ΧΑΡΑΚΤΗΡΙΣΤΙΚΑ ΔΥΝΑΜΙΚΟΤΗΤΑΣ, ΜΑΖΙΚΟΤΗΤΑΣ, ΔΙΕΚΔΙΚΗΣΗΣ, ΕΤΣΙ ΩΣΤΕ ΝΑ ΑΠΟΚΤΗΣΕΙ ΣΑΡΚΑ ΚΑΙ ΟΣΤΑ ΤΟ ΚΟΙΝΟ ΟΡΑΜΑ ΤΗΣ ΑΞΙΟΠΡΕΠΕΙΑΣ;

Η ΣΒΑΣΤΙΚΑ ΤΗΣ ΕΛΕΥΘΕΡΗΣ ΑΓΟΡΑΣ –THE SWASTIKA OF THE FREE MARKET

Η πολιτική και οικονομική σταθερότητα δεν εξασφαλίζεται, σε μια χώρα που μαστίζεται από την φτώχεια, με το λεγόμενο άνοιγμα των αγορών, ή αλλιώς με την όποια απελευθέρωση της αγοράς.

Ο νεοφιλελευθερισμός που ήλθε ως ένα οικονομικό παρεμβατικό κίνημα στα τέλη της δεκαετίας του ΄70, για να σταθεί πολιτικά μεταξύ του κλασσικού φιλελευθερισμού, του καπιταλισμού δηλαδή και του μαρξιστικού κολεκτιβισμού, προκειμένου να λύσει τα προβλήματα της αγοράς με τον μανδύα του «σοσιαλιστικού καπιταλισμού», επιδεικνύει πάθος για παρεμβατικότητα στο όνομα της μη-παρεμβατικότητας, προτάσσοντας το αίτημα για περισσότερη ελεύθερη αγορά, δηλαδή περισσότερο καπιταλισμό και λιγότερο κράτος.

Η Ελεύθερη Αγορά η οποία διαφέρει όχι μόνο θεωρητικά αλλά και ρυθμιστικά από τον Ελεύθερο Ανταγωνισμό, καθώς έχει αποδειχθεί στην πράξη πως ο ανταγωνισμός απαιτεί ρυθμιστική παρέμβαση των αρχών, ώστε να διασφαλίζονται τα συμφέροντα των πιο αδύναμων, έναντι της κατάχρησης των ολιγοπωλίων και μονοπωλίων, ουσιαστικά σοδομίζει τον πραγματικό ανταγωνισμό στην αγορά, που στόχο έχει να ωφελεί τον καταναλωτή.

Άρα είναι απόλυτα λάθος να λέμε ότι η Ελεύθερη αγορά ευνοεί τον καταναλωτή, δημιουργώντας τις συνθήκες ανάπτυξης ανοιχτών (χαμηλότερων) τιμών στα αγαθά παραγωγής , των οποίων τα κέρδη όμως δεν διαχειρίζεται ο ίδιος ο παραγωγός, που αποτελεί ταυτόχρονα και τον καταναλωτή σε μια συγκεκριμένη κοινωνία αγοράς, αλλά τα ολιγοπωλιακά και μονοπωλιακά συμφέροντα και οι μεγάλες πολυεθνικές και άρα δεν γίνεται δίκαιη κατανομή πλούτου με το γύρισμα του χρήματος στην ίδια αγορά.

Η ελευθερία δηλαδή που μας παρέχει η Ελεύθερη Αγορά δεν είναι «ακέραιη». Είναι μια «μισή» ιδέα ελευθερίας που υποβαθμίζει ή φθείρει τα αγαθά που γίνονται αντικείμενο αγοραπωλησίας και κατά συνέπεια υποβαθμίζει την Δημοκρατία της Αγοράς…

Η πραγματική και ολοκληρωτική ελευθερία της αγοράς υφίσταται όταν τα χρήματα του καταναλωτή για την αγορά αγαθών, που του εξασφαλίζουν την στοιχειώδη και αξιοπρεπή διαβίωση του σε μια «πολιτική κοινωνία αξιών», επιστρέφουν στην τσέπη του ως παραγωγού και έμπορου των ίδιων αγαθών, αλλιώς έχουμε να κάνουμε με ένα σύστημα ολοκληρωτικού καπιταλισμού, που κάποιοι παραγωγοί ιδεών υποβολιμαία έχουν μετονομάσει σοφιστικέ σε νεοφιλελευθερισμό, απλά και μόνο για να αποδεχθούν τα μικρά και μεσαία στρώματα, που αποτελούν την μεγάλη καταναλωτική μάζα, «το ότι δεν θα τους ανήκει η αξία των αγαθών που παράγουν και καταναλώνουν».

Η οικονομική κρίση προέκυψε στο τέλος τριών δεκαετιών που χαρακτηρίστηκαν από την πίστη στον θρίαμβο των αγορών, στο θρίαμβο της Ελεύθερης Αγοράς, στη διάρκεια των οποίων η αγορά, ως μηχανισμός συσσώρευσης πλούτου στα ολιγοπώλια και μονοπώλια, αποδεκάτισε και φτωχοποίησε τους λαούς που παρήγαγαν αυτόν τον πλούτο...

Σε αυτή την Ελεύθερη Αγορά προσπαθούν να μας εντάξουν με το ζόρι οι αγαπητοί πολιτικοί συνδαιτυμόνες.

Το φοβερό «πολυτρομοσχέδιο» της κυβέρνησης, αφορά αυτήν ακριβώς την έννοια της Ελεύθερης Αγοράς που περιέγραψα πιο πάνω και ενδεικτικά παραδείγματα αποτελούν :

- η σήμανση του φρέσκου γάλακτος δεν θα αποτελεί πια ανταγωνιστικό πλεονέκτημα των ελλήνων παραγωγών αλλά και καταναλωτών, εφόσον έχει να κάνει και με την ποιότητα της καθαρότητας του γάλακτος. Οι διαρθρωτικές παρεμβάσεις της Τρόικας έχουν σαν κύριο στόχο, τη διάλυση ενός ακόμα παραγωγικού κλάδου της οικονομίας αυτόν των κτηνοτρόφων, με την αντικατάσταση του ελληνικού γάλακτος από εισαγόμενο, που θα προέρχεται από τις πολυεθνικές τις Βόρειας Ευρώπης και της Αμερικής.

48

-η παροχή δυνατότητας της πώλησης μη συνταγογραφούμενων φαρμάκων, που υποστηρίζουν ουσιαστικά τον βασικό τζίρο των φαρμακείων, λόγω της μεγάλης ζήτησης και μαζικότητας της κατανάλωσής τους, από τα σούπερ μάρκετ και άλλα είδη πολυκαταστημάτων, που όλοι γνωρίζουμε ότι το 95% ανήκει σε ξένες πολυεθνικές, με στόχο την μείωση δραστηριότητας ενός κλάδου, που ανήκει στους μικρομεσαίους επαγγελματίες που διαχρονικά και ουσιαστικά στηρίζουν τις οικονομίες ειδικότερα των μικρότερων χωρών.

-η απελευθέρωση της αγοράς, τόσο των επιβατηγών δημοσίας χρήσης (ταξί), όσο και των φορτηγών δημοσίας, αλλά και ιδιωτικής χρήσης , η παροχή αδειοδότησης ταξί σε ξενοδοχειακές μονάδες (που σύντομα το μεγαλύτερο ποσοστό τους θα ανήκει σε ξένες πολυεθνικές, με την γνωστή μέθοδο της εξαγοράς ιδιοκτησίας σε περιόδους «κρίσης», γιατί πρόκειται να «θρηνήσουμε και εκεί την αλλαγή ιδιοκτησιακού καθεστώτος όπως και στα σουπερμάρκετ) , προκειμένου να καθετοποιήσουν τις παρεχόμενες υπηρεσίες τους και να αποκλεισθεί η παροχή υπηρεσιών από έναν ολόκληρο κλάδο , να καταργηθεί δηλαδή ένας ολόκληρος κλάδος ελεύθερων επαγγελματιών.

-η ανηλεής επίθεση στα οικιακά και αγροτικά φωτοβολταϊκά, καθώς στα μη διασυνδεδεμένα νησιά, που αποτελούν την συντριπτική πλειονότητα των εγκαταστάσεων του είδους στη χώρα μας. Οι επαγγελματίες αγρότες εγκατέστησαν φωτοβολταϊκούς σταθμούς κατά κανόνα τα δύο τελευταία χρόνια, με ιδιαίτερα δυσμενείς χρηματοοικονομικούς όρους και με την άμεση επιβολή της έκτακτης εισφοράς από τα πρώτα τιμολόγια που εξέδωσαν, λόγω των ελλειμμάτων του ΛΑΓΗΕ (οργανισμού της ΔΕΗ), που προκλήθηκαν από την ίδια την πολιτεία. Και να σκεφτεί κανείς ότι κάποτε μιλάγαμε για πράσινη ανάπτυξη και για τόνωση της αγροτικής οικονομίας με παράλληλα εισοδήματα, που θα προέρχονταν από τις εξατομικευμένες επενδύσεις αγροτών στα φωτοβολταϊκά και την αιολική ενέργεια, επενδύσεις που θα καταλήξουν όλες, με μαθηματική ακρίβεια, με αυτή τη δρομολόγηση, στα χέρια μεγάλων πολυεθνικών σταθμών, που σε νταραβέρι με το ελληνικό κεφάλαιο «θα κεφαλοποιούν τον ήλιο και τον αέρα που αναπνέουμε»...

Αυτές και πολλές άλλες ρυθμίσεις του «πολυτρομοσχέδιου» των φύλαρχων, «φίλων» Ευρωπαίων θα δημιουργήσουν την «ευγονική» μιας Ελεύθερης Αγοράς, που το λογότυπο της θα αποτελεί η υπερρεαλιστική σβάστικα και το καταναλωτικό της κοινό θα αποτελεί όλους εμάς, που θα προτάσσουμε την παλάμη, κάθε φορά που θα δίνεται η εντολή από το μεγάλο κεφάλαιο, να πειθαρχούμε «δολοφονικά» στις ορέξεις του «οικονομικού νεοφιλελευθεροναζισμού»...

ΑΡΘΡΟ 18° – ΠΡΩΤΗ ΔΗΜΟΣΙΕΥΣΗ 16/4/2014

Η ΑΝΑΣΤΑΣΗ ΤΩΝ ΑΓΟΡΩΝ – THE RESURRECTION OF THE MARKETS

Την Τετάρτη 9 Απριλίου, η Ελληνική Κυβέρνηση, βγήκε πανηγυρίζοντας στις αγορές, προκειμένου να δημιουργήσει αντίβαρο στην κρίση και να ανακουφίσει, υποτίθεται τον Έλληνα πολίτη, ανοίγοντας το δρόμο για περισσότερους και υψηλότερους δανεισμούς με τοκογλυφικούς όρους κατά του οφειλέτη, του Ελληνικού Κράτους δηλαδή...

Η «Ελληνική Δημοκρατία» έδωσε εντολή σε διεθνείς τράπεζες για 5-ετη ομολογιακή έκδοση «αναφοράς-benchmarking» σε ευρώ, **υπό το αγγλικό δίκαιο**. Σύμφωνα, με το αγγλικό δίκαιο, ότι και αν συμφωνήσει και υπογράψει εις βάρος του ο οφειλέτης, ο οποίος βρίσκεται συνήθως στην ανάγκη να δανειστεί και κατά συνέπεια να εκχωρήσει όλα τα υπάρχοντα του, άσχετα αν η αντικειμενική τους αξία είναι υπερδιπλάσια του κεφαλαίου του δανεισμού του, ισχύει ,έστω και αν όλα αυτά είναι αντίθετα, όχι μόνο με το Ελληνικό, αλλά και με το Διεθνές και Ευρωπαϊκό δίκαιο.

Σύμφωνα με τον κορυφαίο συνταγματολόγο Γεώργιο Κασιμάτη, «... σε όλες τις χώρες της ηπειρωτικής Ευρώπης, οι κανόνες που ρυθμίζουν τις σχέσεις μεταξύ του δανειστή και του οφειλέτη είναι πάντοτε υπέρ του οφειλέτη, γιατί ο οφειλέτης είναι το αδύναμο μέρος μιας δανειακής σύμβασης, ενώ ο δανειστής είναι το ισχυρό. Αυτό είναι μια κατάκτηση του ανθρωπιστικού δικαιϊκού πολιτισμού της Ευρώπης.»

Αυτή ακριβώς η κατάκτηση υπέρ του οφειλέτη, που αποτελεί τον αδύναμο κρίκο, καταργείται βάναυσα , ανάμεσα στα ψιλά γράμματα των δανειακών συμβάσεων που συνάπτει η Ελλάδα , με τη «μαμά» Ευρώπη, σύμφωνα με το αγγλικό δίκαιο, με το οποίο ξαναβγήκαμε στις αγορές και βάζει σε ορατό κίνδυνο την εθνική μας κυριαρχία ή αλλιώς τα εθνικά μας υπάρχοντα.

Οι αγορές ξανανοίγουν και για τις αυξήσεις μετοχικού κεφαλαίου των συστημικών τραπεζών, που φθάνουν ακόμη και στην υπερκάλυψη, με την έκδοση μη καλυμμένων τραπεζικών ομολογιακών προϊόντων.

51

Οι τράπεζες πανηγυρίζουν προκειμένου για την ανακεφαλαιοποίηση τους, μέσω του ανοίγματος των δανεισμών, εφόσον το μεγαλύτερο μέρος των δανεισμών δεν καλύπτει κοινωνικές παροχές αλλά τις ζημίες των τραπεζών και έχει ως τεχνητό στόχο την αποκατάσταση της εμπιστοσύνης προς την Ελλάδα, μέσω της εξυγίανσης της τραπεζικής αγοράς, η οποία όμως συνεχίζει να μην μεταφράζεται σε ωφέλιμη αξία για τον δανειζόμενο Έλληνα πολίτη.

Αποβλέπουμε λοιπόν σε ένα υδροκέφαλο τραπεζικό σύστημα για τη ζώνη του ευρώ, το οποίο στηρίζεται στην στρατηγική της ομαλής εξυγίανσης του, για να εξυπηρετεί τις ανάγκες και τις ζημίες που του προκαλούν το μεγάλο κεφάλαιο και οι πολυεθνικές, αλλά που δεν απηχεί τις ανάγκες του δανειζόμενου πολίτη εφόσον η ανακεφαλαιοποίηση των τραπεζών δεν συνεπάγεται και το κούρεμα των κόκκινων δανείων των πολιτών.

Άρα για ποιά χρηματοπιστωτική σταθερότητα μιλάμε... αυτήν που δεν έχει κοινωνικό ακροατήριο;

Άρα για ποιες αγορές μιλάμε... αυτές που θα μας εξασφαλίσουν περισσότερο δανεισμό, αντί για περισσότερα κοινωνικά αγαθά και περισσότερη ανάπτυξη;

Βγήκαμε στις αγορές λοιπόν, με δημόσιο χρέος σχεδόν διπλάσιο από το 2009, με ρυθμούς ύφεσης διπλάσιους από το 2009, χρονιά σταθμό στην οικονομική ιστορία του έθνους, εφόσον αποκλειστήκαμε από τις αγορές και αναγκαστήκαμε να

52

ενταχθούμε στο ΔΝΤ, όχι γιατί μας αγαπήσανε ξαφνικά οι Ευρωπαίοι εταίροι μας, αλλά για να δημιουργήσουμε τις προυποθέσεις καινούργιων δανεισμών, που θα ωφελούν και θα δικαιώνουν τους δανειστές μας, που θα καλύπτουν τις ανάγκες των τραπεζών και των κερδοσκόπων, που θα κάνουν τους πλούσιους πλουσιότερους και τους φτωχούς φτωχότερους...

ΠΑΝΗΓΥΡΙΣΕ ΚΟΣΜΕ ΚΑΘΩΣ Η ΑΡΡΩΣΤΙΑ ΜΕ ΤΟΥΣ ΠΕΡΙΣΣΟΤΕΡΟΥΣ ΑΣΘΕΝΕΙΣ ΣΤΟΝ ΚΟΣΜΟ ΕΙΝΑΙ Η ΦΤΩΧΕΙΑ...

ΚΑΛΗ ΑΝΑΣΤΑΣΗ ΣΥΝΦΤΩΧΕ...ΟΠΩΣ ΛΕΜΕ ΣΥΝΤΡΟΦΕ...

ΣΤΑΥΡΩΣΗ –Η ΠΟΛΙΤΙΚΗ ΠΡΑΞΗ ΤΗΣ ΑΥΤΟΘΥΣΙΑΣ /ΑΥΤΟΧΕΙΡΙΑΣ

Η μη παθολογική αυτοχειρία γίνεται εν συνειδήσει και λογίζεται ως συμβολική πράξη μαρτυρίου. Η πράξη αυτή αποτελεί συνήθως ένα τελετουργικό αποπομπής των κακών παραγώγων της εξουσίας, λαμβάνει χώρα μπροστά σε ένα απαθές πλήθος νοημόνων και μη νοημόνων και θεμελιώνει το εναρκτήριο λάκτισμα στην αποποινικοποίηση της αλτρουικής σκέψης και των ανθρώπινων συναισθημάτων.

Η απόγνωση είναι η αιτία της μη παθολογικής αυτοκτονίας, η οποία ενσαρκώνει νοητικά συναισθήματα αγωνίας και πάλης, απέναντι στην ανθρώπινη αδικία. Στη συγκεκριμένη περίπτωση, αυτός που αυτοκτονεί δεν είναι παράφρονας αλλά απεγνωσμένος, που προτάσσει την απόγνωσή του, ως αίτημα πολιτικής πράξης στην εντροπία της εξουσίας. Και αυτό γιατί η αποσυνθεμένη εξουσία δίνει προτεραιότητα στη συμμόρφωση και όχι στον άνθρωπο.

Η απόγνωση είναι η αντανακλαστική επανάσταση στον αποχαρακτηρισμό των ανθρώπινων δικαιωμάτων, από τους εκμεταλλευτές της φυσικής και ηθικής υπόστασης του ανθρώπου.

Η ίδια η Σταύρωση, ως ηθική αυτοχειρία αποτελεί πολιτική πράξη αυτοθυσίας, προκειμένου για την εξασφάλιση της προσωπικής, κοινωνικής και πολιτικής ελευθερίας του ανθρώπου.

Η διάκριση του κακού και του καλού δεν αποτελεί γνώρισμα του χαρακτήρα των ανθρώπων. Δεν γεννιόμαστε γνωρίζοντες να ξεχωρίζουμε το καλό από το κακό. Ο χαρακτήρας δεν αποτελεί υποκείμενο της ηθικής, όπως μας διδάσκει η Αγγλοσαξονική φιλοσοφία, δεν περιχαρακώνεται στις αυτοφυείς καλές και κακές αποκλίσεις, αλλά καλλιεργείται, μαθαίνει σε αυτές μέσω των πολιτικών συστημάτων.

Άρα στην βάση της ηθικής πυραμίδας αξιών, πάνω στην οποία θα πρέπει να στηρίζεται το όποιο πολιτικό σύστημα, δεν θα πρέπει να υπάρχει διάκριση μεταξύ του καλού και του κακού, αλλά αγάπη προς τον άνθρωπο. «Το κυριότερο πράγμα είναι να αγαπάς τους άλλους σαν τον εαυτό σου, αυτό είναι το παν, τίποτε άλλο δεν χρειάζεται» κατάθεσε ο Ντοστογιέφσκι .

Το ίδιο πόρισμα πραγματεύεται και η Σταύρωση, που ως διαχρονικό πολιτικό κίνημα, επιχειρεί να αναδιατάξει τον άξονα των συναισθηματικών ημισφαιρίων της πολιτικής σφαίρας, με την απεμπόληση του πόνου και της απόγνωσης, σε έναν κόσμο που κινδυνεύει από την σήψη της ανθρωπιστικής του συνείδησης.

Η ηθική τρομοκρατία του πόνου και της απόγνωσης, έχει ως στόχο την αναβάθμιση της Δημοκρατίας, μέσα από την εξάλειψη των ανισοτήτων.

Η Σταύρωση αποτελεί το πρώτο, μεγαλύτερο και αποτελεσματικότερο «τρομοκρατικό χτύπημα» στην πολιτική ιστορία της «δίδυμης ανθρωπότητας»...

55

Εκατοντάδες χιλιάδες μικροί «μεσσίες» από την Παλαιστίνη και την Ινδία μέχρι την Ελλάδα, που καταδικάστηκαν να παρατηρούν, ως αυτόπτες μάρτυρες,, τον εαυτό τους και τον συνάνθρωπο τους να απανθρακώνει την αξιοπρέπεια του καθημερινά, αποφασίζουν να πάρουν την μοίρα στα χέρια τους και να απανθρακώσουν την φυσική τους ύπαρξη στο «Τέμενος των Αξιών»...

Το αίμα συναντά το αίμα στο «Τέμενος του Σινά», αλλιώς πως θα ξεκίναγαν οι επαναστάσεις βελτίωσης του ανθρώπινου είδους, οι δράσεις καταπολέμησης των ανθρώπινων ανισοτήτων, η αντίσταση στην πραγματική τρομοκρατία...

ΣΥΡΙΑ ΣΑΝ ΝΑ ΛΕΜΕ ΟΥΚΡΑΝΙΑ – THE COMBAT GAME

Συρία και Ουκρανία αποτελούν σήμερα πεδίο νέων συγκρουσιακών ανταγωνισμών ανάμεσα στη Ρωσία και τις ΗΠΑ. Οι στρατηγικές της διαίρεσης των πληθυσμών και των πολιτισμών, έχουν πάρει διαστάσεις εμφυλίου με πολλά αθώα θύματα και στις δύο χώρες.

Η Ρωσία θεωρεί την Ουκρανία παραδοσιακό της πολιτικό και οικονομικό σύμμαχο, καθότι το μεγαλύτερο τμήμα της χώρας κατοικείται από παραδοσιακά ρωσόφωνους πληθυσμούς, αλλά και οι αγωγοί του φυσικού αερίου περνάνε μέσα από Ουκρανικό έδαφος, ενώ οι ΗΠΑ από την άλλη μεριά βρήκαν τρόπο να διεισδύσουν πολιτικά στην Δυτική Ουκρανία, με στόχο να προσαρτήσουν στο ΝΑΤΟ συνολικά τη χώρα, όπως προσάρτησαν και την Πολωνία.

Παραδοσιακός σύμμαχος της Ρωσίας θεωρείται και η Συρία, στην βάση σημαντικών γεωστρατηγικών επιδιώξεων και οικονομικών συμφερόντων, αποκτώντας άμεση πρόσβαση στην γεωστρατηγικά ευαίσθητη περιοχή της νοτιο-ανατολικής Μεσογείου και της Μέσης Ανατολής, μέσα από τη ναυτική βάση που έχει στο συριακό λιμάνι της Ταρσού, καθώς και διοχετεύοντας στρατιωτικό οπλισμό και εξοπλισμό δισεκατομμυρίων δολαρίων. Από την άλλη μεριά οι ΗΠΑ προσπαθούν να προωθήσουν την αμερικανο-ισραηλινή παρεμβατικότητα στην Μέση Ανατολή για τους ίδιους ακριβώς λόγους.

Για τους «δυνατούς» της Ευρωπαικής Ένωσης και οι δύο αυτές χώρες Συρία και Ουκρανία αποτελούν μεγάλους ενεργειακούς κόμβους, σχετικά με το πετρέλαιο και το φυσικό αέριο, καθώς η γεωγραφική θέση της Συρίας την καθιστά πέρασμα για τη μεταφορά του πετρελαίου της Μέσης Ανατολής προς τις ακτές της Μεσογείου και από εκεί στους ευρωπαίους καταναλωτές, ενώ η Ουκρανία αποτελεί πανευρωπαϊκό ενεργειακό κόμβο, καθώς το ¼ των προμηθειών της ΕΕ σε πετρέλαιο και φυσικό αέριο προέρχονται από την Ρωσία.

Για τους ίδιους λόγους, τα αποθέματα φυσικού αερίου στο υπέδαφος της Ανατολικής Μεσογείου, τα οποία είναι πολύ πλούσια, αποτελούν διακύβευμα για τους ίδιους παίκτες, που καθιστούν υπόδουλους του λαούς, στο όνομα του κέρδους.

Για τους ίδιους λόγους, μια ανεξάρτητη Παλαιστίνη που διαθέτει τους ιδίους πόρους φυσικού αερίου στα ανοικτά της Γάζας, για τους ίδιους λόγους μια ανεξάρτητη Κύπρος, αποτελούν κίνδυνο στις οικονομικές συμφωνίες των γιγάντων της παγκόσμιας πολιτικής σκηνής.

Ουσιαστικά ,έχουμε βρεθεί θεατές, σε ένα παιχνίδι γεωπολιτικών και γεωοικονομικών διεκδικήσεων μεταξύ Ρωσίας, Ιράν και Κίνας , έναντι των σουνιτικών μοναρχιών του Περσικού (κυρίως Σαουδική Αραβία και Κατάρ), του Ισραήλ και των ΗΠΑ, με την Ευρωπαϊκή Ένωση να σφυρίζει τον πρωτάθλημα του παγκόσμιου νεοφιλελευθερισμού , ξεκινώντας από την ενδοχώρα.

Διχασμένες χώρες , με μεγάλα οικονομικά, κοινωνικά και πολιτικά προβλήματα, γίνονται θήραμα στο παιχνίδι μάχης – combat game, των μεγάλων κυριαρχικών και οικονομικών συμφερόντων, ανά τον πλανήτη, ενώ ο ΟΗΕ παίζει το ρόλο του «παλιάτσου», του διασκεδαστή των αγωνιών της ανθρωπιστικής κοινότητας, με ψηφίσματα «travesty» που προωθούνται, για να δικαιολογούν την αυθαίρετη εισβολή στην εσωτερική πολιτική κάθε ανεξάρτητης χώρας.

ΒΡΑΖΙΛΙΑ – ΤΟ ΜΟΥΝΤΙΑΛ ΤΟΥ ΝΕΟΦΙΛΕΛΕΥΘΕΡΙΣΜΟΥ

Η Βραζιλία αποτελεί μια νέα οικονομική υπερδύναμη για τον 21ο αιώνα. Για πρώτη φορά φέτος το ΑΕΠ της, αναμένεται να ανέλθει στα 2,5 τρις δολάρια, μέγεθος που της χαρίζει τη θέση της έκτης μεγαλύτερης οικονομίας στον κόσμο, ενώ, σύμφωνα, με την πρόβλεψη O'Neill προβλέπεται αύξηση μεταξύ 2011 και 2050 περίπου 4,3%, ποσοστού υψηλότερου και από εκείνου της Ρωσίας, που ανέρχεται στο 2,8%.

Η Βραζιλία λόγω της οικονομικής της υπερμεγέθυνσης, συμμετείχε και συμμετέχει σαν παρατηρητής και εν δυνάμει μέλος, ως αναδυόμενη οικονομική υπερδύναμη, στην ομάδα των G7 - G8. Είναι χρήσιμο να σημειωθεί, ότι οι χώρες μέλη της ομάδας των G7-G8, αντιπροσωπεύουν μόνο το 14% του πληθυσμού της γης, ενώ κατέχουν περίπου το 60 με 65% του παγκόσμιου ΑΕΠ (Ακαθάριστο Εθνικό Προϊόν). Η ομάδα δηλαδή αυτή αποτελεί μια σέχτα πλουσίων χωρών που κυριαρχούν στη Δύση, και οι αποφάσεις τους αποτελούν κατευθύνσεις, επί της διεθνούς πολιτικής και οικονομικής σκηνής.

Η ενεργειακή αυτάρκεια (πετρέλαιο και ουράνιο), μια σκληρή βιομηχανία, που παράγει από βιοκαύσιμα ως πυρηνικά υποβρύχια, οδήγησαν την Βραζιλία, μέσα σε μια 20ετία, στην πρώτη δεκάδα των υπερδυνάμεων του κόσμου, ενώ έχει ήδη γίνει το 5ο μεγαλύτερο δίκτυο Internet στον κόσμο, η 5η μεγαλύτερη αγορά για κινητά τηλέφωνα και υπολογιστές, η 3η μεγαλύτερη αγορά για τα καλλυντικά, ο 4ος μεγαλύτερος καταναλωτής της σοκολάτας, και ούτω καθεξής.

Μεγάλο μέρος αυτής της «οικονομικής ανάπτυξης», οφείλεται στους υψηλούς φόρους που έχουν επιβάλει οι κυβερνήσεις της τελευταίας 10ετίας. Η Βραζιλία έχει ένα από τα υψηλότερα ποσοστά φορολόγησης στον κόσμο, με το οποίο γεμίζει τα κρατικά της ταμεία, ενώ η αναπτυξιακή της πολιτική, έχει ως κεντρικό άξονα την υπερτροφική ανάπτυξη του κεφαλαίου και όχι το σχεδιασμό στρατηγικών, με βάση το κοινωνικό συμφέρον και τη καταπολέμηση της φτώχειας, που καταδυναστεύει σήμερα το λαό της .

Το υδροκέφαλο όμως πολιτικό σύστημα, κάνει σαν να μη βλέπει τον κόσμο που λιμοκτονεί, χωρίς να μπορεί να καλύψει ούτε τις πιο στοιχειώδεις ανάγκες του. Στα προάστια των πόλεων, το θέαμα είναι φρικιαστικό: τεράστιες παραγκούπολεις, εκατομμύρια άνθρωποι να στοιβάζονται κάτω από τσίγκινες στέγες, χωρίς νερό, ηλεκτρικό και αποχέτευση. Ένας στους τέσσερις Βραζιλιάνους ζει σήμερα κάτω από τα όρια της φτώχειας, ενώ ένα εκατομμύριο παιδιά δουλεύουν μεροκάματο, κάτω από άθλιες συνθήκες.

Η Βραζιλία αποτέλεσε το πρώτο θύμα, των πειραμάτων του νεοφιλελευθερισμού, όπου η κεντρώα κυβέρνηση του Ζοάο Γκουλάρ προσπάθησε να χρησιμοποιήσει νεοφιλελεύθερες πολιτικές ανάπτυξης, χωρίς να αναγνωρίζει τις κοινωνικές ανάγκες της χώρας . Έτσι προετοιμάσθηκε το έδαφος κατάλληλα, ώστε το 1964, με τις ευλογίες και την καθοδήγηση των ΗΠΑ, να έρθει στην εξουσία η χούντα του στρατηγού Ουμπέρτο Καστέλλο Μπράνκο, με στόχο να ανοίξει την χώρα στο ξένο κεφάλαιο.

Η εξασφάλιση πόρων για τα στρατιωτικά καθεστώτα, που υποστήριξαν οι ΗΠΑ, έγινε με την επιβολή υψηλότατων επιτοκίων που εκτόξευσαν το χρέος της χώρας στα ύψη. Την ίδια πολιτική ακολούθησαν και τα «δημοκρατικά» καθεστώτα, την πολιτική δηλαδή υψηλών επιτοκίων, που υποτίθεται ότι ήταν απαραίτητη για την προσέλκυση ξένων επενδυτών.

Έτσι το 1998 άρχισε μια φυγή κεφαλαίων προς το εξωτερικό, η οποία συσσώρευσε πίεση πάνω στο ρεάλ και η Βραζιλία βρέθηκε σε αδιέξοδο.

Το 1999 της χορηγήθηκε δάνειο ύψους 42,6 δις δολαρίων από το ΔΝΤ, τους G7, την Παγκόσμια Τράπεζα κι άλλη μια αμερικανική τράπεζα. Στις διαπραγματεύσεις συμμετείχαν εκπρόσωποι των μεγαλύτερων αμερικανικών τραπεζών (Goldman Sachs, Citigroup, Merrill Lynch) και επενδυτές σαν τον Σόρος, που αφού είχαν ήδη θησαυρίσει από τα ληστρικά επιτόκια που πλήρωνε η Βραζιλία, την έσπρωξαν στο ΔΝΤ για να τη σώσει, με στόχο τα 20 πρώτα δις του δανείου να κατευθυνθούν στις τσέπες τους.

Οι όροι λιτότητας, που επέβαλλε το ΔΝΤ στο Βραζιλιάνικο λαό, έφεραν την χώρα σε κοινωνικό αδιέξοδο.

Ο Ιγκνάσιο Λούλα ντα Σίλβα πρώην εργάτης ορυχείων, που εκλέχθηκε για πρώτη φορά πρόεδρος το 2002 και στη συνέχεια η Ντίλμα Ρούσεφ, ως αντίπαλο δέος στην δικτατορία των προηγούμενων δεκαετιών, υποσχέθηκαν μια διακυβέρνηση βασισμένη στην κοινωνική ισότητα και την οικονομική σταθερότητα.

Οι διαδηλώσεις όμως σήμερα αμφισβητούν το πολιτικό και οικονομικό μοντέλο, που προέκυψε μετά από πολλά χρόνια δικτατορίας, γιατί ακολουθώντας κι αυτό πιστά τα κελεύσματα του σύγχρονου νεοφιλελευθερισμού, απέτυχε να δώσει λύσεις στα μεγάλα κοινωνικά προβλήματα της χώρας.

Το χάσμα μεταξύ πλούσιων και φτωχών στη Βραζιλία, αποτελεί ένα από τα μεγαλύτερα στην υφήλιο και βρίσκει έδαφος σε όλους τους κοινωνικούς τομείς και κυρίαρχα στην εκπαίδευση, την υγειονομική περίθαλψη και τις μεταφορές.

Σήμερα στις διαδηλώσεις, τα μεσαία στρώματα στη Βραζιλία ενώνονται με τους άστεγους, με τους φτωχούς και ντεσπεράντος της φαβέλας, ενώ στη συντριπτική τους πλειοψηφία οι διαδηλωτές δεν έχουν ξανασυμμετάσχει σε διαδήλωση και δεν ανήκουν σε κάποιο συγκεκριμένο πολιτικό κόμμα.

Για την ακρίβεια τα **νεοσχηματισθέντα μεσαία στρώματα, λόγω των τεράστιων κοινωνικών και οικονομικών ανισοτήτων,** εξεγείρονται ενώνοντας τη φωνή τους με τους «άθλιους της Βραζιλίας», φοβούμενοι ότι μπορεί να βρεθούν και αυτοί, **πάλι, κάτω από τα όρια της φτώχειας.**

Αυτά τα μεσαία στρώματα, αποτελούν την «προδομένη γενιά της ανάπτυξης» , αυτή που υποσχέθηκαν να δημιουργήσουν και να αναπτύξουν οι σημερινοί σοσιαλιστές «σωτήρες» της Βραζιλίας και αντί αυτού προσηλώθηκαν στο να κάνουν «ελεημοσύνες» στους φτωχούς, αντί να κατοχυρώνουν τα βασικά κοινωνικά τους δικαιώματα, και να χρησιμοποιούν την μεσαία τάξη, ως πολιτικό αντίβαρο, απέναντι, στις πολιτικές ανάπτυξης της κεφαλαιοκρατίας, που υιοθέτησαν.

Έχω αναφέρει, χαρακτηριστικά, και σε άλλα άρθρα μου, πως η εξέλιξη του καπιταλισμού σε φιλελευθερισμό και του σοσιαλισμού σε νεοφιλελευθερισμό, στόχο έχει να αποδυναμώσει την ιδεολογική δύναμη των πολιτικών, που υπηρετούν τον άνθρωπο, στη συνείδηση του κόσμου, και να τον μετατρέψει σε μια άβουλη καταναλωτική μάζα, που δεν θα εισπράττει την αξία των αγαθών που παράγει και καταναλώνει.

Έρχεται η στιγμή, όμως, που οι μάσκες πέφτουν...

170.000 άνθρωποι εκδιώκονται από τα σπίτια τους, λόγω της κατασκευής αθλητικών εγκαταστάσεων και άλλων υποστηρικτικών εγκαταστάσεων, ενόψει του Μουντιάλ Ποδοσφαίρου. Την ίδια στιγμή, που η κυβέρνηση της Βραζιλίας, επενδύει όλο και λιγότερα χρήματα σε κοινωνικές υπηρεσίες και αγαθά, το κόστος του Μουντιάλ Ποδοσφαίρου και των Ολυμπιακών Αγώνων (η Βραζιλία θα φιλοξενήσει το Παγκόσμιο Κύπελλο ποδοσφαίρου το 2014 και τους Ολυμπιακούς Αγώνες το 2016), ανέρχεται στα 25 δις δολάρια. Την ίδια στιγμή η FIFA (Παγκόσμια Ομοσπονδία Ποδοσφαίρου, διοργανώτρια αρχή του Παγκοσμίου Κυπέλλου) αναμένεται να κερδίσει γύρω στα 10 δις δολάρια από τη διεξαγωγή του Μουντιάλ και αναρωτιέμαι ποια είναι τα αντισταθμιστικά οφέλη που έχει διαπραγματευτεί αυτή η κυβέρνηση, προκειμένου να εξασφαλίσει περισσότερα δημόσια αγαθά για τους πολίτες της...

63

Η καμπάνια «Σταματήστε το Παγκόσμιο Κύπελλο – Μουντιάλ», στην οποία συμμετέχουν εκατομμύρια διαδηλωτών από όλη τη Βραζιλία, δεν αποτελεί μια απλή διαδικασία εξέγερσης, καταδεικνύει το τεράστιο πολιτικό πρόβλημα που δημιουργείται, όταν οι πολιτικές ανάπτυξης δεν υπηρετούν τον άνθρωπο και τις ανάγκες του, δεν γεφυρώνουν το κοινωνικό και οικονομικό χάσμα, δεν καταπολεμούν τις κοινωνικές και οικονομικές ανισότητες, αλλά υπηρετούν τα συμφέροντα του κεφαλαίου, των πολυεθνικών και των αστικών τάξεων.

Αν κάνει κανείς μια συγκριτική ιστορική αναδρομή, ανάμεσα σε Βραζιλία και Ελλάδα, θα παρατηρήσει πως οι ομοιότητες είναι κραυγαλέες. Από το πώς η αδυναμία των κεντρώων καθεστώτων, να εξαλείψουν τις κοινωνικές αδικίες, έφερε τις χούντες, μέχρι το πώς τα καπιταλιστικά και σοσιαλιστικά καθεστώτα, ενστερνίζονται τον νεοφιλελευθερισμό, ως τον δρόμο της Δημοκρατίας, μέσα από την οικονομική ελευθερία του κεφαλαίου, τις ληστρικές επιδρομές των κερδοσκόπων και τις πολιτικές λιτότητας απέναντι στα μικρά και μεσαία στρώματα, που οδηγεί όμως μοιραία στην κοινωνική και οικονομική αδικία και κατά συνέπεια την κοινωνική εξέγερση.

Το συμπέρασμα, που τεκμαίρεται, είναι ότι όσο μεγάλη οικονομική υπερδύναμη κι αν κατέστη η Βραζιλία, αποτελώντας τον παράδεισο του μεγάλου κεφαλαίου, των πολυεθνικών και των ξένων επενδυτών, δεν υπερασπίστηκε πολιτικές που υπηρετούν τον άνθρωπο και τις ανάγκες του, ενώ απέτυχε να κάνει αναδιανομή του πλούτου προς όφελος των ασθενέστερων τάξεων, με αποτέλεσμα, το μεγαλύτερο κομμάτι του πληθυσμού της να μαστίζεται σήμερα από την φτώχεια και την εξαθλίωση.

Η μετεξέλιξη μας σε Βραζιλία δεν αποτελεί, σίγουρα, όχι μόνο το δικό μου όνειρο, αλλά και των περισσότερων συμπατριωτών μας, αγαπητοί κύριοι/ες που ευαγγελίζεσθε τις πολιτικές των μνημονίων, υπέρ ανάπτυξης όχι του λαού αλλά του μεγάλου κεφαλαίου, εγχώριου ή ξένου...

ΑΡΘΡΟ 22° –ΠΡΩΤΗ ΔΗΜΟΣΙΕΥΣΗ 13/5/2014

ΕΚΛΟΓΕΣ ΚΑΙ ΤΟΠΙΚΗ ΑΥΤΟΔΙΟΙΚΗΣΗ – ΕΛΛΑΔΑ 18/5/2014

Σήμερα στα πλαίσια της κρίσης, είναι πιο επιτακτική από ποτέ, η ανάγκη να δημιουργηθεί ένα διαφορετικό μοντέλο διοίκησης και λειτουργίας της τοπικής αυτοδιοίκησης, σε σχέση με αυτό που επικρατούσε.

Θα πρέπει να επιχειρηθούν δραστικές αλλαγές στην δομή και την λειτουργία της Τοπικής Αυτοδιοίκησης, προκειμένου να μπορέσει να ανταποκριθεί στις προκλήσεις της νέας εποχής.

Η τοπική αυτοδιοίκηση για να λειτουργεί αποτελεσματικά, θα πρέπει να λειτουργεί αποκεντρωμένα από την κεντρική διοίκηση. Μια αποτελεσματική αποκέντρωση πόρων, αρμοδιοτήτων και αναπτυξιακών σχεδιασμών σε αναβαθμισμένους ΟΤΑ πρώτου και δεύτερου βαθμού, με έμφαση στις αρχές της αλληλεγγύης προς τον πολίτη, αποτελεί την μετεξέλιξη του θεσμού, ως εγγυητή της Δημοκρατίας, απέναντι στο κεντρικό κράτος.

Οι Δήμοι και οι Περιφέρειες θα πρέπει να αναπτύσσονται ,με βάση το φυσικό τους πλούτο και τις οικονομίες που αναπτύσσουν, λόγω των γεωμορφικών και πολιτισμικών τους χαρακτηριστικών.

Χονδρικά, μπορεί να κάνει κανείς, μια κατάταξη στις Δημοτικές και Περιφερειακές οικονομίες, σε αστικές, αγροτικές, βιομηχανικές και τουριστικές. Αυτές οι οικονομίες και η αντίστοιχες επιχειρηματικές δομές που αναπτύσσονται ,θα πρέπει όχι μόνο να στηρίζονται, αλλά και να πριμοδοτούνται από αντίστοιχα Ευρωπαϊκά κίνητρα, μέσω σχετικών προγραμμάτων, εφόσον ανήκουμε και πληρώνουμε αδρά, αυτό τον τεράστιο μηχανισμό της υποτιθέμενης «Ευρωπαικής Αλληλεγγύης».

Η εξισορρόπηση των αναπτυξιακών διαδικασιών, ανάμεσα σε κέντρο και περιφέρεια, αποτελεί στρατηγική ομαλής ανάπτυξης της οικονομίας της κάθε περιοχής. Η ομαλή ανάπτυξη της οικονομίας μιας περιοχής , συνίσταται στην δημιουργία προυποθέσεων για την οικονομική ευρωστία των παραγωγικών της τάξεων και επιτυγχάνεται, με την βελτίωση και τόνωση της παραγωγικής και μεταποιητικής διαδικασίας, εμπορίας και διάθεσης προιόντων και υπηρεσιών των επαγγελματικών τάξεων της κάθε περιοχής.

Σήμερα, που αντιμετωπίζουμε ολοένα και πιο συχνά το φαινόμενο, λόγω της κρίσιμης ανεργίας που έχει επιφέρει η κρίση, ολόκληρα νοικοκυριά που κατοικούν στα αστικά κέντρα, να στηρίζονται σε εισοδήματα, που τους αποφέρουν το κτήμα του παππού και της γιαγιάς στην επαρχία, καθίσταται πιο επιτακτική από ποτέ, η ανάγκη ανάπτυξης της Ελληνικής επαρχίας.

Η ανάπτυξη του τουρισμού, η εκμετάλλευση της αιολικής και ηλιακής ενέργειας, η ανάπτυξη νέων καλλιεργειών καθώς και της βιομηχανίας σε περιοχές που δεν προσφέρονται για τουριστική ή αγροτική ανάπτυξη, καθώς και η σύνδεση της παιδείας με τις αντίστοιχες οικονομίες, που μπορεί να παράσχει ανταποδοτικά οφέλη, στις οικονομικές κοινωνίες της κάθε περιοχής, θα πρέπει να αποτελούν βασικούς διοικητικούς στόχους της Περιφερειακής και Κεντρικής διοίκησης.

Τουναντίον, σήμερα γινόμαστε μάρτυρες της εξόντωσης των τοπικών οικονομιών, ξεκινώντας από την βιομηχανική και φθάνοντας στην τουριστική και την αγροτική.

Ελληνικές βιομηχανίες κλείνουν συνέχεια, αφήνοντας χιλιάδες οικογένειες στο δρόμο, γιατί προγραμματίζεται οι ξένες πολυεθνικές ,αλλά και οι απευθείας εισαγωγές, να καλύπτουν τις αντίστοιχες ανάγκες .

Οι μικρομεσαίες τουριστικές μονάδες δεν υποστηρίζονται, και έτσι περιμένουν να απορροφηθούν μοιραία, από τις μεγάλες ξενοδοχειακές μονάδες εγχώριες ή ξένες.

Οι αγροτικές επιχειρήσεις, ο «αγρότης επιχειρηματίας», επαγγελματική κατηγορία, που αγωνιζόμασταν, να δημιουργήσουμε κάποτε, συνεχίζει να υποφέρει από τα παρασιτικά κυκλώματα της παραοικονομίας, που αντί να επικεντρωθούμε για να τα πατάξουμε, προσπαθούμε να τον βραχυκυκλώσουμε με γραφειοκρατικές διαδικασίες και άδικους φόρους, προκειμένου να τον ξεπουλήσουμε στους μεγάλους γεωκτήμονες, εφόσον αυτό «επιτάσσουν» οι εποχές, να ανθίσει το μεγάλο κεφάλαιο, γιατί αποτύχαμε να στηρίξουμε το μοντέλο που εμείς οι ίδιοι δημιουργήσαμε...

Έτσι θα λύσουμε το έλλειμμα, του εμπορικού ισοζυγίου, που ευθύνεται για την κρίση, θα καταστήσουμε, δηλαδή, περισσότερες τις εξαγωγές από τις εισαγωγές, όταν δεν θα μας ανήκουν τα παραγωγικά μας αγαθά, όταν θα δουλεύουμε εργάτες με μισθούς πείνας στα δικά μας χωράφια, στις δικές μας δουλειές, όταν θα καταναλώνουμε από τις πολυεθνικές...

Θα ήθελα να ρωτήσω, λοιπόν, την επιστημονική κοινότητα του χώρου μου. που διατείνεται για το έλλειμμα του εμπορικού ισοζυγίου (όταν οι εισαγωγές είναι περισσότερες από τις εξαγωγές) και την αποκατάσταση του, με τα μέτρα λιτότητας και την βάναυση φορολόγηση : Πού μπορεί κανείς να κατατάξει την εγχώρια κατανάλωση από τις πολυεθνικές, αν όχι στις εισαγωγές;;;

Τότε για ποιο έλλειμμα μιλάμε , σ΄αυτό που με τις πολιτικές της η Εθνική και Ευρωπαική διοίκηση μας ωθεί, απελευθερώνοντας τις αγορές , στις ξένες πολυεθνικές και το διεθνές κεφάλαιο...

Αλλά ξέχασα, ότι έτσι θα δημιουργήσουμε τη «Μεγάλη Ελλάδα» , αυτή που δεν θα μας ανήκει όμως...

Αγαπητοί φίλοι, σε αυτές τις εποχές και οι τοπικές εκλογές έχουν πολιτική χροιά , για αυτό καλούμαστε όλοι να ψηφίσουμε , με βάση τις διεκδικήσεις μας για ένα μέλλον που θα στηρίζεται στον Έλληνα και την παραγωγική του δύναμη, προκειμένου να συμμετέχει ισότιμα σε αυτόν το «σχηματισμό», που αποκαλούμε Ευρωπαική Ένωση.

68

ΑΡΘΡΟ 23° – ΠΡΩΤΗ ΔΗΜΟΣΙΕΥΣΗ 20/5/2014

ΕΥΡΩΕΚΛΟΓΕΣ ΕΛΛΑΔΑ 25/5/2014 – ΔΙΕΚΔΙΚΟΥΜΕ ΤΗΝ ΕΥΡΩΠΗ ΤΗΣ ΑΛΛΗΛΕΓΓΥΗΣ, ΤΗΣ ΠΟΛΙΤΙΚΗΣ ΚΑΙ ΟΙΚΟΝΟΜΙΚΗΣ ΙΣΟΤΙΜΙΑΣ

Οι διαπλεκόμενοι ένοικοι αυτής της πολυκατοικίας , που λέγεται Ελληνικό κράτος, και αποτελούν Κυβέρνηση, media, δημοσκοπικές εταιρίες, αποκόμματα ξενόφερτων κομμάτων, υποθηκευμένων στα διεθνή συμφέροντα, κεφαλαιοκρατικές επιχειρηματικές δομές εγχώριες και ξένες, καινοτομούν και καταχωρούν επίσημα στα πρακτικά της ιστορίας, τις εκλογές της άσπρης προπαγάνδας.

Η Κυβέρνηση στέλνει διαγγέλματα υστερίας και εκβιασμού, που ξεπερνούν τα «αποφασίζομεν και διατάσσομεν» της χούντας.

Τα «δημοκρατικά» τηλεοπτικά κανάλια έχουν εξελιχθεί σε μεταδοτές μηνυμάτων, από τον τάφο της ΥΕΝΕΔ, προς ένα κόσμο κλεισμένο σε μια χώρα, που έχει οχυρωθεί ολόκληρη, σε ένα τεράστιο «πολυτεχνείο». Οι αυτοκτονίες των ομολογιούχων , των άστεγων, των ανέργων, των μικρομεσαίων, έχουν γίνει η φωνή ΣΟΣ που εκπέμπουν στον υπόλοιπο κόσμο. Τα τανκς κατεβαίνουν στους δρόμους με επικεφαλείς τους Ευρωπαίους διοικητές μας και εκτελεστηκάριους τους Εθνικούς κυβερνόντες, προκειμένου να διασφαλίσουν την κατοχή της χώρας, και να διαφυλάξουν τα «αισχρά» ήθη, που προδίδουν τους αγώνες, που έχει δώσει μέχρι σήμερα ο άνθρωπος , για να καλυτερεύσει τη θέση του στην ιστορία της ανθρωπότητας.

Οι δημοσκοπικές εταιρίες έρχονται, να επικυρώσουν την επικοινωνιακή προπαγάνδα των media και αποτελούν άλλο ένα χαρακτηριστικό παράδειγμα στοχευμένης αλλοίωσης του κριτικών εγκεφαλικών κυττάρων του πολίτη, όταν η επιστήμη υπηρετεί τις ανάγκες της εξουσίας και όχι τις ανάγκες του ανθρώπου, όταν η επιστήμη προσφέρει καθαρή εκδούλευση στο σύστημα.

Και ενώ, η μεγάλη ποσοστιαία αδιευκρίνιστη ψήφος θα έπρεπε να βάζει σε σκέψεις και να αποκωδικοποιούνται και να μεταδίδονται στον κόσμο τα ποιοτικά χαρακτηριστικά της και να αποδίδεται η αλήθεια που οι υπόλοιποι επιστήμονες ,που εντρυφούμε στον ίδιο χώρο γνωρίζουμε, ότι δηλαδή η χώρα είναι ένα καζάνι που βράζει και προσπαθεί να βρει τα βήματα εκκίνησης στην εξέγερση, ενάντια στην κατοχή που μας έχουν επιβάλλει, οι επιστημονικάριοι διαμορφωτές της ανθρώπινης σκέψης επιχειρούν να βάλουν επιστημονικά το νυστέρι και να αφαιρέσουν «το καρκίνωμα» της ελεύθερης, ανυπότακτης, ακηδεμόνευτης σκέψης...

Κόμματα, που δημιουργούνται και κατευθύνονται ειδικά, από το σύστημα του διεθνούς ορθολογικού νεοφιλελευθερισμού, για να λειτουργήσουν ως προχώματα στην αντίδραση του κόσμου απέναντι στον αποτροπιαστικό εξευτελισμό, την φτώχεια και να επιβάλλουν συγκεκριμένες δομές ζωής και εργασίας του Ευρωπαικού προλεταριάτου, ως αξιωματική συνθήκη συμμετοχικής επιβίωσης στο Ευρωπαικό γίγνεσθαι, των παιδιών μιας κατώτερης Ευρώπης, καθίστανται «βασιλικότεροι» της Βασιλικής Ευρώπης...

Επιχειρηματίες κεφαλαιοκράτες ελληνικού και ξένου ρεπερτορίου, εκβιάζουν με εργασιακά διλλήματα τους εργαζόμενους, για να φυλακίσουν και να κατευθύνουν την ψήφο στον Ευρωπαικό αντιαλτρουισμό, προκειμένου να θωρακίσουν τα συμφέροντα τους πάνω στην καταναλωτική δύναμη, που τους εξασφαλίζουν οι οικονομικές συμβάσεις που έχουν υπογράψει.

Το να είσαι ευρωπαιστής δεν είναι ιδεολογία . Το να είσαι ευρωσκεπτικιστής δεν είναι ιδεολογία.

Το να διεκδικείς για τη χώρα σου είναι ιδεολογία. Το να μην υποτάσσεσαι στη πολιτική, οικονομική, πνευματική και προσωπική σκλαβιά είναι ιδεολογία. Το να αγωνίζεσαι ενάντια στην αδικία και την ανελευθερία και να εξεγείρεσαι είναι ιδεολογία. Το να τρομοκρατείς την τρομοκρατία είναι ιδεολογία...

Αγαπητοί συνέλληνες , η ψήφος μας, σε αυτές τις Ευρωεκλογές, είναι εξαιρετικά σημαντική, γιατί ήρθε η ώρα να γίνει η αλλαγή στη πολιτική κατάρτιση του «πιστοποιητικού οικογενειακής μας κατάστασης και σχέσης » με την Ενωμένη Ευρώπη, γι' αυτό και η ανάγκη συμμετοχής είναι μεγάλη, παρότι τα πράγματα δεν πρόκειται να διαφοροποιηθούν από τη μια μέρα στην άλλη.

Πρέπει όμως να δώσουμε τα μέσα στο Ευρωπαικό Κοινοβούλιο, να αλλάξει τις ισορροπίες και να σπάσει το μονοπώλιο της εξουσίας στις χώρες, που σήμερα διευθύνουν πολιτικά και οικονομικά την Ευρώπη.

70

Όσο δεν προκύπτει αυτό, η Ευρωπαϊκή διακυβέρνηση δεν θα απορρέει από μια πανευρωπαϊκή λαϊκή βούληση, αλλά από σκοτεινές ανίερες συμμαχίες ανάμεσα σε ηγέτες διαπλεκόμενων πολιτικών και οικονομικών συμφερόντων.

Όσο δεν γίνεται αυτό, θα εξακολουθούμε να μη γνωρίζουμε ποιος αποφασίζει και τι αποφασίζει για μας και θα γινόμαστε έρμαια μια δικτατορίας μη εκλεγμένων εξυπηρετητών, ενός συστήματος που ασκεί πολιτική και οικονομική τυραννία στον κόσμο, περιφρονώντας τις εθνικές δημοκρατίες.

Όσο μεγαλύτερη είναι η συμμετοχή, τόσο πιο δύσκολο θα είναι για το ερμαφρόδιτο αυτό σύστημα, να αγνοήσει τη βούληση των απανταχού Ευρωπαίων ψηφοφόρων. Η ανάγκη για ανάπτυξη, μέσα από την ανθρώπινη αλληλεγγύη και την ισορροπημένη πολιτική και οικονομική σχέση μεταξύ των Ευρωπαικών κρατών, και όχι μέσα από τη στείρες πολιτικές λιτότητας και καταδυνάστευσης της πολιτικής ελευθερίας των πιο αδύναμων εταίρων αυτού του Ευρωπαικού οργανισμού, αποτελεί επιτακτική ανάγκη επιβίωσης του σύγχρονου Έλληνα, του σύγχρονου Ευρωπαίου...

71

ΑΡΘΡΟ 24° –ΠΡΩΤΗ ΔΗΜΟΣΙΕΥΣΗ 27/5/2014

Ο ΙΣΧΥΡΟΤΕΡΟΣ ΤΡΟΜΟΚΡΑΤΗΣ ΟΛΩΝ ΕΙΝΑΙ Ο ΙΔΙΟΣ ΛΑΟΣ, ΟΤΑΝ ΑΠΕΙΛΕΙΤΑΙ Η ΔΗΜΟΚΡΑΤΙΑ ΤΟΥ

Η ανατροπή είναι αναμενόμενη, όταν ακολουθούνται αδιέξοδες πολιτικές και ο λαός μπαίνει σε δεύτερη μοίρα, ενώ οι απέλπιδες προσπάθειες να συντηρηθεί το νεοφιλελεύθερο σύστημα, πιστοποιούν το έλλειμμα Δημοκρατίας σε Ευρωπαϊκό και Εθνικό Κοινοβούλιο.

Όσο και αν εκβιάστηκε η ψήφος του Ελληνικού λαού, στις Ευρωεκλογές της 25ης Μαΐου 2014, με ελληνικής και ξένης παραγωγής σενάρια:

-γερμανικά σενάρια για αποπομπή της Ελλάδας από τη ζώνη του ευρώ. Οι τελευταίες «τυχαίες αποκαλύψεις», ακριβώς πριν από τις Ευρωεκλογές, σε σχέση με την Ελλάδα, αποτελούσαν μέρος του προεκλογικού παιχνιδιού για την επικράτηση συγκεκριμένων επιδιώξεων στην περιοχή μας. Και αυτά τα σχέδια αποτράπηκαν, δήθεν καταλυτικά, από την ευγενή, ελεήμονα «χορηγία» των ΗΠΑ...

-χρηματοπιστωτικά σενάρια για δήθεν ρίσκα στις αγορές. Μέχρι η περίφημη Goldman Sachs προσπάθησε να παρέμβει στην Ελληνική ψήφο , διαδίδοντας δεξιά και αριστερά, ότι η αποσταθεροποίηση της κυβέρνησης δημιουργεί πολιτικό ρίσκο και κατά συνέπεια οικονομικό ρίσκο στην Ελλάδα αλλά και σε άλλες χώρες της ευρωζώνης, όπως την Ιταλία, την Πορτογαλία και την Ισπανία.

72

-ελληνικά σενάρια, περί οικονομικής αποσταθεροποίησης, εάν αλλάξει το πολιτικό σκηνικό. Σενάρια που υποστηρίχθηκαν με περισσή προσπάθεια, από τα media, ξεπερνώντας ακόμη και αυτά τα στοιχειώδη προσχήματα, περί χειραγώγησης της κοινής γνώμης, προκειμένου να συνεχίσουν, οι εξουσιαστές το αποτροπιαστικό έργο ξεπουλήματος και φτωχοποίησης της χώρας, ανταλλάσσοντας την πολιτική και οικονομική τους εξουσία, με το μέλλον του Ελληνικού λαού...

αποδείχθηκε ισχυρότερη , από την πολυκέφαλο πολιτικό και οικονομικό τυχοδιωκτισμό , σχημάτων που επιχειρούν «κοινωνική εκκαθάριση» κρατών, που στέκονται εμπόδια στο δρόμο τους.

Η χώρα μας αποτελούσε και αποτελεί πειραματόζωο της παγκόσμιας διαπλοκής αλλά και πεδίο σύγκρουσης τεράστιων πολιτικών και οικονομικών ισχυρών συμφερόντων.

Η χώρα μας αποτέλεσε και αποτελεί για κάποιους πεδίο δόξας λαμπρό, για την πραγματοποίηση των πιο σκληρών πιλοτικών προγραμμάτων, καταστρατήγησης της Δημοκρατίας, των ατομικών και συνταγματικών δικαιωμάτων του ανθρώπου, προκειμένου να μπουν σε πλήρη εφαρμογή τα προγράμματα ενός διεθνούς οικονομικού επεκτατισμού, που έχει μουσκέψει το σάλιο του στην υποαναπτηξιμότητα, όχι μόνο του Ελληνικού λαού αλλά και αυτών που ακολουθούν.

Το ζήτημα είναι πολύ απλό :

-ΔΕΝ ΑΠΑΣΧΟΛΕΙ ΤΟ ΠΟΣΟ ΑΡΝΗΤΙΚΟ ΕΙΝΑΙ ΤΟ ΠΡΟΣΗΜΟ ΤΟΥ ΑΕΠ ΜΑΣ, ΤΟΥ ΑΚΑΘΑΡΙΣΤΟΥ ΕΘΝΙΚΟΥ ΠΡΟΙΟΝΤΟΣ ΜΑΣ, ΤΟ ΠΟΣΟ ΠΑΡΑΓΟΥΜΕ ΔΗΛΑΔΗ.

-ΔΕΝ ΑΠΑΣΧΟΛΕΙ ΤΟ ΑΡΝΗΤΙΚΟ ΠΡΟΣΗΜΟ ΤΟ ΕΞΑΓΩΓΩΝ ΜΑΣ ΚΑΙ ΤΟ ΘΕΤΙΚΟ ΤΩΝ ΕΙΣΑΓΩΓΩΝ, ΠΟΥ ΑΠΟΤΕΛΕΙ ΤΗΝ ΚΥΡΙΑΡΧΗ ΑΙΤΙΑ ΓΙΑ ΤΟ ΕΛΛΕΙΜΜΑ ΤΟΥ ΕΜΠΟΡΙΚΟΥ ΙΣΟΖΥΓΙΟΥ.

-ΔΕΝ ΑΠΑΣΧΟΛΕΙ Η ΕΞΑΦΑΝΙΣΗ ΤΗΣ ΜΙΚΡΟΜΕΣΑΙΑΣ ΕΠΑΓΓΕΛΜΑΤΙΚΗΣ ΤΑΞΗΣ, Η ΟΠΟΙΑ ΕΙΝΑΙ Η ΜΟΝΗ ΠΟΥ ΜΠΟΡΕΙ ΝΑ ΔΙΑΣΦΑΛΙΣΕΙ ΤΗΝ ΑΝΑΠΤΥΞΗ ΣΕ ΤΟΠΙΚΟ ΟΙΚΟΝΟΜΙΚΟ ΚΑΙ ΚΟΙΝΩΝΙΚΟ ΕΠΙΠΕΔΟ.

– ΔΕΝ ΑΠΑΣΧΟΛΕΙ Η ΑΥΞΗΣΗ ΤΟΥ ΠΟΣΟΣΤΟΥ ΑΝΕΡΓΙΑΣ ΜΑΣ, ΣΕ ΒΑΘΜΟ ΠΟΥ ΚΑΘΙΣΤΑ ΑΚΑΤΟΙΚΗΤΗ ΤΗ ΧΩΡΑ, ΑΠΟ ΤΟ ΙΔΙΟ ΤΟ ΛΑΟ ΤΗΣ.

-ΔΕΝ ΑΠΑΣΧΟΛΕΙ ΤΟ ΠΟΣΟΣΤΟ ΦΤΩΧΟΠΟΙΗΣΗΣ ΤΟΥ ΕΛΛΗΝΙΚΟΥ ΛΑΟΥ, ΠΟΥ ΑΠΕΙΛΕΙ ΕΞΕΛΙΚΤΙΚΑ ΤΙΣ ΣΤΟΙΧΕΙΩΔΕΙΣ ΣΥΝΘΗΚΕΣ ΔΙΑΒΙΩΣΗΣ ΟΛΟΚΛΗΡΟΥ ΤΟΥ ΕΛΛΗΝΙΚΟΥ ΛΑΟΥ.

Εκείνο που απασχολεί, είναι το πώς θα ανοίξει η χώρα στα διεθνή γεωπολιτικά και οικονομικά παιχνίδια, που θα την καταστήσουν όχι ζώνη ελεύθερου εμπορίου, όπως ισχυρίζονται κάποιοι , αλλά ζώνη ελεύθερου «δουλεμπορίου»...

Για αυτό και το σύστημα, στην επόμενη εκλογική αναμέτρηση, θα χτυπηθεί μοιραία εκ των έσω. Η πιο βαθιά καταγγελτική ψήφος θα είναι αυτή που θα προέλθει από τους ίδιους τους βολεμένους του συστήματος, που δεν προσδοκούν ούτε οι ίδιοι μέλλον, σε αυτή τη χώρα για αυτούς και τα παιδιά τους.

Και όταν τα ίδια τα στελέχη του συστήματος έχουν αρχίσει να καταλαβαίνουν, ότι δεν χωράνε στο σύστημα, σκεφτείτε το μέγεθος του παρά φύση βιασμού, που έχει υποστεί ο Ελληνικός λαός μέχρι σήμερα, σκεφτείτε το μέγεθος παρακμής της Δημοκρατίας μας.

Σε αυτές τις θέσεις θα πρέπει να αναζητηθούν ευθύνες, που δεν απαντώνται μόνο με Εθνικές Εκλογές αλλά και απόδοση αντίστοιχων ευθυνών, σε επίπεδο Εθνικής Ολιγωρίας.

Όταν τα ναζιστικά μορφώματα καταδικάζονται ως εγκληματικές οργανώσεις, που είναι, επειδή απειλούν την Δημοκρατία, θα αφήσω στην κρίση σας, πως πρέπει να δικάζονται, τα υποτιθέμενα δημοκρατικά μορφώματα που ενεχυριάζουν την Δημοκρατία, προκειμένου να την καταργήσουν εντελώς...

Η «ΑΜΦΙΛΕΓΟΜΕΝΗ» ΨΗΦΟΣ –ΤΟΠΙΚΕΣ ΕΚΟΓΕΣ /ΕΥΡΩΕΚΛΟΓΕΣ –ΕΛΛΑΔΑ 2014

Τα αποτελέσματα των πρόσφατων τοπικών εκλογών, καθώς και των Ευρωεκλογών παρέδωσαν σαφή μηνύματα όχι μόνο ανάγνωσης, αλλά και πολλαπλής ανάλυσης, σχετικά με τις συνδυαστικές ισορροπίες, που δημιουργούνται σε ένα περιβάλλον τοπικής κοινωνικής αλληλεπίδρασης και πως αυτά την επόμενη αμέσως στιγμή, διαφοροποιούνται, όταν πρόκειται η ψήφος, να αποκτήσει πιο πολιτική χροιά, που θα επηρεάσει την εξελιξιμότητα της μελλοντικής πορείας των πολιτών στην χώρα, που ζουν και κινούνται.

Οι Δημοτικές και Περιφερειακές Εκλογές είχαν περισσότερο άρωμα, από την ενταξιακή συμπεριφορά και κινητικότητα των πολιτών σε τοπικό επίπεδο, την επαφή και τις σχέσεις τους με πρόσωπα, που δραστηριοποιούνται στην Τοπική Αυτοδιοίκηση.

Η αναμονή εκπλήρωσης υποσχέσεων, που μπορούν να βοηθήσουν στο σύνολο των κοινωνικών προβλημάτων που αντιμετωπίζουν όπως ανεργία ,ανέχεια, αλλά και διευθέτησης μικροπροβλημάτων της καθημερινότητας τους, σε επίπεδο μικροκλίμακας, που εξασφαλίζει την αμεσότητα και την πιο πρακτική διευθέτηση των προβλημάτων τους, οι φιλικές σχέσεις που συγκροτούν αυτό το μικροπεριβάλλον της καθημερινότητας του πολίτη, αποτέλεσαν τα βασικά κίνητρα πλειοδότησης της ψήφου σε τοπικό επίπεδο, για αυτό και δεν χρήζουν της πολιτικής σημασίας που αποδίδουν τα κόμματα, προκειμένου να αποτυπώσουν συγκεκριμένους συνασπισμούς πολιτικών δυνάμεων, γιατί πολύ απλά έγκειται σε πρόσωπα και όχι σε κομματικούς μηχανισμούς, η δρομολόγηση της ψήφου. Γι αυτό και τα όποια συμπεράσματα τεκμαίρονται, μπορεί να αποβούν παραπλανητικά και για το λαό, αλλά και για τους πολιτικούς σχηματισμούς.

Αντιθέτως, τα αποτελέσματα των Ευρωεκλογών , ειδικότερα αυτά των σύνθετων πολιτικά εκλογών της 25ης Μαίου 2014 στη Ελλάδα, που παραδίδουν μηνύματα, που δεν αφορούν μόνο το Ευρωπαικό περιβάλλον διεκδίκησης της Ελλάδας, αλλά και την Εθνική πορεία της χώρας, αποτελούν την μεγάλη εικόνα, που μπορεί να μας οδηγήσει στο τι πραγματικά συμβαίνει σ' αυτό το Έθνος.

Μέσα από αυτά τα αποτελέσματα, μπορούμε να διαγνώσουμε τη πολιτική ψυχολογία του σύγχρονου Έλληνα , που βρίσκεται αντιμέτωπος, με ένα σωρό προκλήσεις τα τελευταία χρόνια, που απειλούν να καταστρέψουν το μέλλον αυτού και των παιδιών του.

Θα μπορούσε μάλιστα να δοθεί έμφαση ακόμη και στο πώς μετασχηματίζεται η τοπική ψήφος, που από χαλαρά κινούμενη σε πρόσωπα, εμφανίζεται την αμέσως επόμενη στιγμή, να δρα άκρως πολιτικά και ανατρεπτικά και μάλιστα στο μεγαλύτερο ποσοστό της να πειραματίζεται με κομματικούς σχηματισμούς που δεν έχει προσεγγίσει άλλοτε. Χαρακτηριστικά παραδείγματα αποτελούν, η ενισχυτική ψήφος στα αριστερά κόμματα, καθώς και στα ακραία φασιστικά μορφώματα.

Η υποτιθέμενη «αμφιλεγόμενη» ψήφος, λοιπόν χρήζει μεγάλης ανάλυσης τόσο κοινωνιολογικής ,όσο και πολιτικής.

Η διαφοροποίηση της κοινωνικής, οικονομικής και πολιτικής βάσης του ψηφοφόρου, όμως που ψηφίζει και στις δύο περιπτώσεις δεν είναι σαφής και αυτό γιατί υπάρχουν αρκετά κοινά χαρακτηριστικά όπως :

-μικρή και μεσαία κοινωνική και οικονομική διαστρωμάτωση

-μικρή και μεσαία επαγγελματική αναφορά σε όλους τους κλάδους, από τους ελεύθερους επαγγελματίες και τους μικρομεσαίους, μέχρι τους αγρότες και τους κτηνοτρόφους

-προσωπικές και οικονομικές προσδοκίες, που αφορούν ένα μέλλον αλληλεγγύης, προόδου αλλά και δυναμικής διεκδίκησης των συμφερόντων του πολίτη, που θα εξασφαλίζουν ένα μέλλον, που θα προσυπογράφει την στοιχειώδη αξιοπρεπή διαβίωση αυτού και των παιδιών του.

Η ψήφος αυτή είναι ξεκάθαρη, καταργεί την αριστεροφοβία, ξεσκεπάζει τον πραγματικό φασισμό του συστήματος, υιοθετεί συνειδητά και πιο τολμηρές λύσεις, όπως την τιμωρία μέσα από την πρόταξη βήματος, σε φασιστικά μορφώματα , που όμως μπορούν να προκαλέσουν το σύστημα και να δημιουργήσουν τριγμούς στο οικοδόμημα ενός ακραίου ανθρώπινου κανιβαλισμού.

Η ψήφος αυτή επιστρατεύει τον κανιβαλισμό, απέναντι στον κανιβαλισμό τους συστήματος με στόχο να το διαλύσει.

Η ψήφος αυτή δεν είναι αμφιλεγόμενη, αλλά συνειδητή και με συγκεκριμένους αποδέκτες.

Το αίτημα είναι συγκεκριμένο : ΑΝΑΤΡΟΠΗ ΤΟΥ ΥΠΑΡΧΟΝΤΟΣ ΣΥΣΤΗΜΑΤΟΣ και θα πρέπει να προβληματίζει το ότι αποτελεί κοινό αίτημα της μεγαλύτερης μερίδας της Ελληνικής κοινωνίας, ενώ η αιχμή του αποτελεί το ΜΕ ΟΠΟΙΟ ΤΙΜΗΜΑ…

Καλύτερο, λοιπόν πιο δυναμικό βηματισμό της αριστεράς, προκειμένου για την αποκατάσταση της Δημοκρατίας στη χώρα.

ΑΡΘΡΟ 26ο –ΠΡΩΤΗ ΔΗΜΟΣΙΕΥΣΗ 10/6/2014

Η ΜΕΣΕΥΡΩΠΗ (MITEL EUROPA) ΚΑΙ ΟΙ ΙΜΠΡΕΣΑΡΙΟΙ ΤΗΣ ΕΘΝΙΚΗΣ ΚΥΡΙΑΡΧΙΑΣ

Η διαβόητη σύλληψη του σχεδίου της "Μεσευρώπης", του διαίρει και βασίλευε δηλαδή, εμφανίζεται πιο δόκιμη από ποτέ, τα τελευταία χρόνια. Πρωτεργάτης η Γερμανία, με χειρισμούς έξυπνα ασκούμενους, δια μέσου Βρυξελλών, προσανατολίζεται στην ανάδειξη του κεντροευρωπαϊκού χώρου, με κέντρο τη Γερμανία και περικεντρικούς δορυφόρους αποδυναμωμένα κράτη των Βαλκανίων, της Κεντρικής Ευρώπης και Νότιας Ευρώπης.

Το σχέδιο ανάδειξης της Μεσευρώπης (Mittel Europa) έχει δύο βασικούς πυλώνες την Γερμανία και την Τουρκία. Αυτή η πολιτική ξεκινάει από την εποχή του Βίσμαρκ και ολοκληρώνεται με τον Χίτλερ και το διαμελισμό της Γιουγκοσλαβίας, της Τσεχοσλοβακίας, της Πολωνίας, της Ρουμανίας, της Σοβιετικής Ένωσης, της Ελλάδας με τους Βούλγαρους, τους Ιταλούς, κ.λπ. Σήμερα παίρνει τη μορφή κονιορτοποίησης της κεντρικής και νότιας Ευρώπης, προκειμένου για τον έλεγχο των συγκεκριμένων περιοχών άσκησης επεκτατικών ασκήσεων πολιτικής και οικονομικής κατοχής.

Βασική τακτική στην πραγμάτωση του στόχου, αποτελεί η χειραγώγηση των κατά τόπους μειονοτήτων των λαών. Κατά την διάρκεια του τελευταίου πολέμου, οι Γερμανοί χρησιμοποίησαν τις μειονότητες, για να συγκροτήσουν τις ταξιαρχίες των Waffen SS, με σκοπό να διαλύσουν τον κοινωνικό ιστό της Κεντρικής Ευρώπης και να οικοδομήσουν σε στερεότερο έδαφος τη Μεσευρώπη.

Οι ΗΠΑ σε πλήρη συνταύτιση με τη Γερμανία, επιτέλεσαν την πρώτη μειονοτική εκκαθάριση στα Βόρεια Βαλκάνια διαμελίζοντας την Γιουγκοσλαβία, ενώ η Τουρκία, ως εκτελεστικό τους όργανο, είχε ήδη μεταβεί στον διαμελισμό της Κύπρου.

Σήμερα, στην περιοχή των Βαλκανίων επιχειρούνται πάλι ασκήσεις επί χάρτου, με κεντρικό άξονα την υποτιθέμενη διευθέτηση των μειονοτικών προβλημάτων που σκοπίμως έχουν προκύψει. με το Αλβανικό ζήτημα στη Σερβία και τα Σκόπια, το Ουγγρικό στη Ρουμανία και το Τουρκικό των μουσουλμανικών μειονοτήτων, σε Βουλγαρία και Ελλάδα.

Τα σχέδια για την αυτόνομη Θράκη, διακηρυγμένες κεμαλικές θέσεις, για την Αυτονομία της Δυτικής Θράκης, τείνουν να μεταβάλλουν το μειονοτικό πρόβλημα, σε εκρηκτικό μηχανισμό διάρρηξης την όποιας αγαθής σχέσης συνύπαρξης, Ελληνόφωνων και Τουρκόφωνων στην περιοχή, που θα πρέπει να προστατεύει και να διεκδικεί τα συμφέροντα του λαού, επί Ελληνικού εδάφους.

Όμως είναι προφανές, ότι η Τουρκία θα προσπαθήσει να προωθήσει, το σχέδιο αυτονομίας των μουσουλμάνων της Θράκης, χρησιμοποιώντας τόσο τη συμπαράσταση των «φίλων» μας Γερμανών και Αμερικανών, όσο και πυροδοτώντας την άμεση γειτνίαση των Ελλήνων μουσουλμάνων, με τις μουσουλμανικές μειονότητες της Βουλγαρίας.

Και ενώ το μειονοτικό πρόβλημα τείνει να μεταβληθεί σε εκρηκτικό, τις ημέρες των εκλογών δανύσαμε μια ειδική κατάσταση πολιτικής αιμομιξίας, με τους τουρκόφωνους και ελληνόφωνους, που κατοικούν στη Θράκη. Η πολιτική φιλοδοξία, τα κομματικά οφέλη μετάλλαξαν τα κόμματα, σε αεροστεγείς

80

θύλακες θεατών και χειροκροτητών , ανθελληνικών τοποθετήσεων, σε σχέση με αυτονόητα ζητήματα εθνικής κυριαρχίας.

Τουρκοπράκορες , και έτεροι ανθέλληνες φιλοσκοπιανοί της Δυτικής Μακεδονίας, προσεταιρίζονται την ελληνική πολιτική πραγματικότητα, στην περιοχή της Θράκης, προάγοντας το μίσος και την αντιπαράθεση, προκειμένου να προτάξουν κυριαρχικές διεκδικήσεις, επί των ελληνικών εθνικών συμφερόντων.

Χαρακτηριστικό αποτελεί το γεγονός, ότι το Κόμμα Ισότητας Ειρήνης και Φιλίας (DEB), που αποτελεί τη συνέχεια του κόμματος, που ιδρύθηκε από τον Αχμέτ Σαδίκ και έχει σήμερα πρόεδρο τον Μουσταφά Αλή Τσαούς , το οποίο παίρνει κατευθυντήριες γραμμές από το Τουρκικό Προξενείο και τους εκεί Θρησκευτικούς ηγέτες, που επιχειρούν, μέσα από το Θρησκευτικό χρώμα να δώσουν Εθνικό χαρακτήρα, άλλο από αυτόν της περιοχής, απέσπασε στις Ευρωεκλογές 2014 ποσοστό 35,21% με την ενσωμάτωση στη Ροδόπη και 32,59 % στην Ξάνθη και αυτό είναι επίσης ένα από τα κορυφαία μηνύματα των εκλογών, που αποσαφηνίζει τις προθέσεις των σημερινών πολιτικών αρχόντων, οι οποίοι ως άλλοι ιμπρεσάριοι της Εθνικής μας Κυριαρχίας, προσπαθούν να θέσουν ισορροπιστικές βάσεις, προκειμένου για την δική τους πολιτική επιβίωση...

Και επειδή η όποια αντίκρουση της θέσης μου, θα στοιχειοθετηθεί σε επίπεδο αναπτυξιακής πολιτικής για τη περιοχή, να τονίσω ότι η όποια ανάπτυξη της περιοχής της Θράκης σε βιομηχανικό κόμβο, ή ζώνη εμπορίου, δεν συνεπάγεται σε καμιά περίπτωση και την αλλαγή της Εθνικής Ταυτότητας της περιοχής.

Η πραγματική ανάπτυξη της περιοχής, θα έρθει με την ανάπτυξη της αυτόνομης ταυτότητας της κάθε μειονότητας μεν, αλλά και με τον αποκλεισμό των παρεμβάσεων του τουρκικού προξενείου δε και την δημιουργία ισότιμων αναπτυξιακών κινήτρων, προς όλες τις μειονότητες, με στόχο να συμβιώνουν αρμονικά πολιτικά και οικονομικά, πάντα όμως επί Ελληνικού εδάφους. Διαφορετικά σε συγγενικό χρονικό ορίζοντα, θα χρειαστεί αντιμετωπίσουμε μια δεύτερη   Κύπρο...

81

ΠΩΣ Ο ΕΥΡΩΜΟΝΟΔΡΟΜΟΣ ΠΡΟΚΑΛΕΣΕ ΤΟΝ ΕΥΡΩΣΚΕΠΤΙΚΙΣΜΟ

Ο «Ευρωπαικός Μονόδρομος» του φιλελευθερισμού, που έδειξε η Άγγελα Μέρκελ ανέδειξε τις ευρωσκεπτικιστικές δυνάμεις, που καταλαμβάνουν 228 έδρες στο ΕΚ, 70 έδρες δηλαδή περισσότερες από το 2009, που ισοδυναμεί με το 30%, αλλά και τις ακροδεξιές συμμαχίες, σε όλη την Ευρώπη, κατά την πρόσφατη αναμέτρηση των Ευρωπαικών Εκλογών. Επιπλέον υπάρχουν και οι «ανένταχτοι», που δεν ζητούν αποχώρηση από την ΕΕ, αλλά έχουν ευρωσκεπτικιστικά στοιχεία και δεν προσμετρήθηκαν στους εκπεφρασμένους ευρωσκεπτικιστές. Σε αυτούς ανήκει το Κίνημα Πέντε Αστέρων του Ιταλού **Μπέπε Γκρίλο,** που υπόσχεται δημοψήφισμα για την παραμονή της Ιταλίας στο ευρώ, καθώς και η γερμανική Χριστιανική Κοινωνική Ενωση (CSU), το βαυαρικό αδελφό κόμμα των Χριστιανοδημοκρατών, που εκφράζεται κατά των μεταναστών, αλλά και των γραφειοκρατών των Βρυξελλών.

Ο ευρωσκεπτικισμός λοιπόν, έχει αποκτήσει στοιχεία χιονοστιβάδας, γιατί δεν είναι μόνο η κοινωνική και οικονομική αβεβαιότητα, που προέτρεψε πολλούς ψηφοφόρους να ψηφίσουν αυτά τα κόμματα, αλλά η λανθασμένη πολιτική της κυβέρνησης Μέρκελ, που καταστρατηγεί κάθε έννοια αναπτυξιακής πολιτικής και διεισδύει με βία στα εσωτερικά της κάθε χώρας. Ψέγεται δηλαδή όχι μόνο το αποτέλεσμα, η οικονομική δυσπραγία αρκετών χωρών, αλλά και η πρόθεση άσκησης της λανθασμένης πολιτικής, απέναντι στα υπόλοιπα κράτη μέλη της Ευρωπαικής Ένωσης, από πλευράς της κεντρικής διοίκησης της Ευρώπης.

Η επικράτηση της Χριστιανικής Ένωσης της Άνγκελα Μέρκελ, ως το μεγαλύτερο μπλοκ του ΕΛΚ, η επικράτηση του Ματέο Ρέντζι, ως το μεγαλύτερο μπλοκ των Σοσιαλιστών, την ίδια στιγμή, που η Γαλλία ανέδειξε πρώτο το ακροδεξιό κόμμα της Μαρί Λεπέν, παρουσιάζει επίσης την πρωτοφανή συνύπαρξη, εντελώς ετερόκλητων στοιχείων στην πρώτη γραμμή της Ευρωπαικής Ένωσης, ως γέννημα της στείρας πολιτικής Μέρκελ.

Τραγική ειρωνεία, η αλαζονική δήλωσή της Μέρκελ, λίγο πριν τις ευρωεκλογές, ότι δεν θα δεχθεί την μετατροπή της ΕΕ, σε «κοινωνική ένωση», την ίδια στιγμή, που οι πολίτες, σε όλη την Ευρώπη, ήταν αποφασισμένοι, να στείλουν το μήνυμα απόρριψης της ισχύουσας Ερωπαικής πολιτικής και διοίκησης, στην Ευρώπη, καθώς και ισχυρό μήνυμα δυνητικής τιμωρίας στις Εθνικές Κυβερνήσεις, που υπακούουν στις άνισες οικονομικές και κοινωνικές πολιτικές της Ευρώπης.

Αγγλία , Γαλλία, Ιταλία, ζητούν κοινωνικές και αναπτυξιακές μεταρρυθμίσεις, καθώς δεν μπορούν να αγνοήσουν τα κελεύσματα των πρόσφατων ευρωεκλογών, και τις κοινωνικές εκρήξεις που αναμένεται να έρθουν, αν δεν αλλάξει η κεντρική Ευρωπαϊκή πολιτική. Μόνο στην Ελλάδα, το κλίμα παραμένει «πανηγυρικό», στην πρόσφατα ανασχηματισμένη Κυβέρνηση, η οποία είναι πλήρως υποταγμένη χωρίς διεκδικητική ισχύ, απέναντι στην πολιτική οικονομικής και κοινωνικής αφαίμαξης της Άγγελα Μέρκελ , και έχει αγνοήσει το πολιτικό μήνυμα των Ευρωεκλογών, όπου η δημοτικότητα της Ευρωπαικής ηγεσίας στην Ελλάδα καταγράφει ελεύθερη πτώση.

Σύμφωνα με το Ευρωβαρόμετρο, παρατηρείται σοβαρή «κρίση εμπιστοσύνης», απέναντι στη ΕΕ. Οι τέσσερις μεγαλύτερες χώρες της ευρωζώνης, μεταξύ των οποίων και η Βρετανία, εμφανίζουν ακόμη χαμηλότερα ποσοστά εμπιστοσύνης στην ΕΕ, σήμερα, ενώ τη χαμηλότερη εμπιστοσύνη στην ΕΕ, δείχνουν οι Έλληνες, που από +25% το 2007, πέφτει σήμερα, κάτω από το -60%. Ακολουθεί η παραδοσιακά ευρωπαϊστική Ισπανία, που από άνω του +40% εμπιστοσύνη το 2007, έπεσε σήμερα κάτω από το -50%. Τα δύο τρίτα των Ευρωπαίων (66%) θεωρούν, ότι η φωνή τους δεν εισακούεται στην ΕΕ, ενώ Ελλάδα και Κύπρος κατέχουν τα πρωτεία , με 86% των πολιτών τους, να πιστεύει ότι ο λόγος του δεν εισακούγεται στην ΕΕ.

83

Κοινή συνισταμένη όλων η οικονομία, καθώς οι περισσότεροι Ευρωπαίοι θεωρούν ότι το μεγαλύτερο πρόβλημα σε ευρωπαϊκό επίπεδο αποτελεί η οικονομική κατάσταση (48%), κατόπιν η ανεργία (38%) και μόνο 10% η μετανάστευση.

Στην ερώτηση ποιος μπορεί καλύτερα να αντιμετωπίσει την κρίση, το 22% των Ευρωπαίων απαντά η ΕΕ, ενώ το 21% οι εθνικές κυβερνήσεις και μόλις το 13% απαντά το ΔΝΤ. Είναι χαρακτηριστικό ότι ευθύνες και λύσεις αναζητούνται ταυτόχρονα, από την ΕΕ, συνδυαστικά με τις Εθνικές κυβερνήσεις και ΟΧΙ ΑΠΟ ΤΟ ΔΝΤ... γιατί κανείς δεν μπορεί να ξεγελάσει το λαό...

Ήταν σαφώς αναμενόμενο λοιπόν, ο ευρωσκεπτικισμός, να πρωταγωνιστήσει στις πρόσφατες Ευρωεκλογές, αφού η κρίση χρέους στην Ευρωζώνη, έχει πλέον λάβει τη μορφή αμφισβήτησης της νομιμοποίησης για το σύνολο της Ευρωπαϊκής Ένωσης ως θεσμού.

Αυτό σημαίνει ότι οι Ευρωπαίοι έχουν συνειδητοποιήσει, πως η ΕΕ δεν θα τους προσφέρει καμία προστασία, απέναντι στην παγκοσμιοποίηση, ενώ παίρνει αποφάσεις, στις οποίες οι πολίτες αισθάνονται ότι δεν έχουν κανένα λόγο...

ΑΡΘΡΟ 28° –ΠΡΩΤΗ ΔΗΜΟΣΙΕΥΣΗ 24/6/2014

ΣΥΡΙΑ-ΟΥΚΡΑΝΙΑ-ΙΡΑΚ – Η ΤΡΙΛΟΓΙΑ ΤΗΣ ΔΙΑΙΡΕΣΗΣ...

Μόλις, μέσα σε ένα χρόνο, γράφτηκε η τριλογία του ίδιου πολέμου, που χρησιμοποιείται, ως θεματική, για να αποδεκατίζει τα έθνη, να διαιρεί τις χώρες και να παραδίδει τα κλειδιά του πλούτου τους και της εδαφικής τους κυριαρχίας στην πολιτική και οικονομική εξουσία, που κυριαρχεί διεθνώς, ανά τον κόσμο. Βλέπε Συρία, Ουκρανία, Ιράκ...

Το Ιράκ είναι μια χώρα τριχοτομημένη ανάμεσα, σε τρεις ξεχωριστές εθνότητες, με βάση τα θρησκευτικά κριτήρια: σιίτες μουσουλμάνοι, σουνίτες μουσουλμάνοι και Κούρδοι, επίσης μουσουλμάνοι. Ο πρωθυπουργός του Ιράκ Nuri al-Maliki, είναι σιίτης. Οι σουνίτες είναι μειονότητα στο Ιράκ και περιθωριοποιημένοι, ενώ οι Κούρδοι αποτελούν την έτερη μειονότητα, που όχι μόνο δεν είναι περιθωριοποιημένοι, αλλά έχουν δημιουργήσει και άτυπο κράτος στο Βόρειο Ιράκ.

Η πραγματικότητα βέβαια είναι , ότι η χώρα, είναι τριχοτομημένη, βάση συγκεκριμένου γεωπολιτικού σχεδίου, εκπονημένου από τον διεθνές κεφάλαιο, που αποβλέπει στο φυσικό της πλούτο, καθότι αποτελεί έναν, από τους μεγαλύτερους παραγωγούς και εξαγωγείς πετρελαίου στον κόσμο.

Σήμερα, όμως, η κρίση άρχισε να αποκτά διαστάσεις εμφυλιοπολεμικής σύγκρουσης, με το Ιράκ να εμφανίζεται για πρώτη φορά πρόθυμο, να αναλάβει δράση, με σκοπό την προστασία των ιερών τόπων, των σιιτών μουσουλμάνων, από τους σουνίτες, μετά το χτύπημα των σουνιτών, στο μεγαλύτερο διυλιστήριο πετρελαίου του Ιράκ, στην πόλη Μπαϊτζί και την προέλασή τους, προς τη Βαγδάτη.

Το διυλιστήριο του Μπαιτζί στο Βόρειο Ιράκ, αποτέλεσε τον πρώτο πετρελαϊκό στόχο των ανταρτών. Το διυλιστήριο αυτό, ανεφοδιάζει με το ένα τέταρτο της παραγωγής του ιρακινού πετρελαίου. Στην αγορά του πετρελαίου, έχει αρχίσει ήδη να διαφαίνεται η κρίση, καθώς η τιμή του πετρελαίου βρίσκεται στα υψηλότερα επίπεδα του περασμένου χρόνου.

Οι Κούρδοι Πεσμαργκά, από τη άλλη πλευρά, εκμεταλλευόμενοι την γενικότερη σύγχυση, κατέλαβαν την πετρελαϊκή περιοχή του Κιρκούκ, με στόχο ο πετρελαϊκός πλούτος της περιοχής, να χρηματοδοτήσει εξ ολοκλήρου, την υλοποίηση ενός αυτόνομου Κουρδικού κράτους, μέσα στα εθνικά όρια του Ιρακινού κράτους. Το Κουρδιστάν είναι προ των πυλών.

Η Τουρκία αφού έδιωξε τους Κούρδους από την Τουρκία, εξευτέλισε και φυλάκισε τον ηγέτη τους, έχει σήμερα συμβόλαια μαζί τους, προκειμένου να διεισδύσει στην αγορά πετρελαίου του Ιράκ.

Η Σαουδική Αραβία, που διεκδικεί την ανάμειξή της στα πετρελαικά υπάρχοντα του Ιράκ, και η οποία εικάζεται, ότι χρηματοδοτεί τους σουνίτες αντάρτες, προειδοποιεί εναντίον οποιασδήποτε ξένης επέμβασης, προκειμένου να πραγματοποιήσει τους οικονομικούς της στόχους.

Οι ΗΠΑ υποτίθεται, ότι προσπαθούν να αποτρέψουν την αυτονόμηση των Κούρδων από το Ιράκ, για την αποτροπή περαιτέρω γεωπολιτικών ανακατατάξεων, στην περιοχή, ενώ όχι μόνο δεν ισχύει αυτό, αλλά βρίσκονται και πίσω από κάθε προσπάθεια επίσημης ίδρυσης αυτόνομου κράτους , όπως κρυβόταν πίσω και από την αποπομπή των Κούρδων από την Τουρκία.

Ταυτόχρονα η φιλοδυτική κυβέρνηση του Ιράκ στέλνει **επίσημο αίτημα της Βαγδάτης, προς τις ΗΠΑ,** να εξαπολύσουν αεροπορικούς βομβαρδισμούς εναντίον των «τζιχαντιστών», των σουνιτών δηλαδή, που έχουν καταλάβει μεγάλο μέρος της χώρας , με βάση τη συμφωνία ασφαλείας, με τις ΗΠΑ, για την εκτέλεση αεροπορικών επιδρομών εναντίον των τρομοκρατικών οργανώσεων .

Ξεκινώντας από τις Ρεπουμπλικανικές κυβερνήσεις, με τον πατέρα Μπους και στη συνέχεια με τον υιό, που εισέβαλαν από ξηράς με αμερικανικά στρατεύματα στη χώρα, με σκοπό να κυριαρχήσουν σε μία από τις μεγαλύτερες αγορές πετρελαίου στον κόσμο , που όμως δεν τους ανήκει, τώρα και οι

Δημοκρατικές κυβερνήσεις με τον Ομπάμα σκέπτονται να προχωρήσουν σε αεροπορικές επιθέσεις, στέλνοντας το επονομαζόμενο αεροπλανοφόρο «Τζωρτζ Μπους» (τι ειρωνεία...), ακολουθώντας το «λαμπρά» παραδείγματα Μπους και Κλίντον κατόπιν, που χρησιμοποιώντας την ίδια τακτική, τις μειονότητες δηλαδή, διαμέλισε την Γιουγκοσλαβία. Πραγματικός στόχος όλων δε, ήταν και συνεχίζει να είναι, να τονώσουν την φθίνουσα αμερικάνικη οικονομία, ανεξάρτητα από ποιόν πολιτικό χώρο προέρχονται και τα πολιτικά ιδανικά, τα οποία προασπίζονται, περί ανθρωπίνων δικαιωμάτων και της παγκόσμιας ειρήνης.

Όσο για τους πολέμους στο όνομα της θρησκείας επιτρέψτε μου να υποψιάζομαι ότι πρόκειται για... «παραμύθια της Χαλιμάς», όπως αποτελούσαν πάντα ιστορικά...

Και ενώ, οι πετρελαϊκοί κολοσσοί έχουν αρχίσει να εγκαταλείπουν τη χώρα, για λόγους ασφαλείας, καθώς η Exxon Mobil και η BP προχώρησαν σε ευρεία απομάκρυνση του προσωπικού τους, υπολογίζεται ότι 700.000 άμαχοι, τα αιώνια θύματα, υποχρεώθηκαν να εγκαταλείψουν τις εστίες τους για να γλιτώσουν από τις βιαιότητες ενός άγριου εμφύλιου πολέμου.

Και η Ελλάδα παραπονιέται για τη διχοτόμηση της Κύπρου και την επερχόμενη αυτοδυναμία της Θράκης, καθώς η Τουρκία δεν αντιλαμβάνεται το ρόλο της ως εκτελεστηκάριου της Δύσης και αναλώνεται σε παιχνίδια, επί χάρτου, με ξύλινα στρατιωτάκια, που όταν όμως καίγεται το σπίτι του γείτονα, όμορφα θα καίγονται και οι ξύλινοι στρατιώτες της, ατενίζοντας το διαμελισμό της μεγάλης Τουρκίας, που πάντα αποτελούσε και συνεχίζει να αποτελεί κίνδυνο για τις «μεγάλες δυνάμεις» εξαιτίας του τεράστιου πληθυσμού της...

ΑΡΘΡΟ 29ᵒ – ΠΡΩΤΗ ΔΗΜΟΣΙΕΥΣΗ 1/7/2014

ΤΟ ΤΕΡΑΣ ΤΟΥ ΚΑΠΙΤΑΛΙΣΜΟΥ ΚΑΙ Η ΑΡΓΕΝΤΙΝΗ

Το Δεκέμβριο του 2001, η Αργεντινή μία από τις πλουσιότερες οικονομίες στο παρελθόν, χρεοκοπεί. Η κυβέρνηση έχει παραιτηθεί και ο Πρόεδρος της Αργεντινής Φερνάντο Δε Λα Ρούα διαφεύγει από το Προεδρικό Μέγαρο, με ελικόπτερο, μέσα σε ένα οργισμένο πλήθος, που έπαιρνε στα χέρια του την κατάσταση, προκειμένου να δώσει τέλος στο νεοφιλελεύθερο μοντέλο διακυβέρνησης της χώρας, διάρκειας 10 ετών.

Το ΔΝΤ ακολουθώντας πιστά τις αρχές του νεοφιλελευθερισμού, λέει ότι όταν έχεις χρέος και έλλειμμα, συρρικνώνεις την οικονομία, περιορίζεις το κράτος και έτσι έγινε και στην Αργεντινή, που είχε κακώς ενταχθεί στο Διεθνές Νομισματικό Ταμείο, εφόσον διένυε βαθύτατη ύφεση και τυχόν κοινωνικές πιέσεις, θα μπορούσαν να οδηγήσουν σε οξύτατες κοινωνικές εξεγέρσεις και κατά συνέπεια στην διάλυση του κράτους.

Μην λαμβάνοντας υπόψη της λοιπόν, τις κοινωνικές αδικίες και κατά συνέπεια την κοινωνική έκρηξη, που μπορούσε να επέλθει, από την εφαρμογή μιας πολιτικής, που δεν σέβεται τον πολίτη, η τότε κυβέρνηση υπακούοντας στο ΔΝΤ, προχώρησε σε μια σειρά μέτρων λιτότητας, όπως ακριβώς έγινε και στην Ελλάδα, με περικοπές μισθών και συντάξεων , με δυσβάστακτα φορολογικά μέτρα και με μια σειρά ιδιωτικοποιήσεων, σε πάνω από 200 κρατικές επιχειρήσεις. Ξεπούλησαν μέχρι και τη δημόσια εταιρεία πετρελαίου, με αποτέλεσμα, η χώρα να χρεοκοπήσει, να κηρύξει παύση πληρωμών, ο λαός να βγει στους δρόμους, έχοντας χάσει τα πάντα και η κυβέρνηση να φύγει νύχτα...

Τα «θεραπευτικά» μέτρα του ΔΝΤ, άφησαν πίσω τους 35 νεκρούς, δολοφονημένους από την αστυνομία και τους ιδιωτικούς φρουρούς των τραπεζών, 30.000 παράπλευρες απώλειες, ανθρώπους που αυτοκτόνησαν, ή υπέστησαν καρδιακά και

88

εγκεφαλικά επεισόδια και πάνω από τον μισό πληθυσμό της χώρας στα όρια της φτώχειας.

Στα ίδια αχνάρια, προχωρεί και η σημερινή Ελληνική Κυβέρνηση, αναζητώντας χρήματα μέσα από την εκποίηση, ξεπούλημα της δημόσιας περιουσίας, για να μειώσει το χρέος της χώρας και όταν τελειώσει αυτή η ιστορία, θα είμαστε χειρότερα από πριν , με παγιωμένους μισθούς και συντάξεις φτώχειας, την εθνική μας περιουσία στα χέρια του ξένου κεφαλαίου και την εθνική μας κυριαρχία αίολη...

Οι επόμενες κυβερνήσεις της Αργεντινής, χαρακτηρισμένες και ως η δεκαετία των Κίρσνερ και οι οποίες φάνηκε ότι θα οδηγούσαν στην αναβίωση του περονικού μύθου, μην υπακούοντας στα κελεύσματα του διεθνούς πολιτικού και οικονομικού κεφαλαίου, υιοθετόντας μια ανεξάρτητη οικονομική, νομισματική και συναλλαγματική πολιτική, που αντέδρασε στις μεθοδεύσεις και τους εκβιασμούς των διεθνών αγορών και των ισχυρών καπιταλιστικών κρατών, κατάφεραν να βγάλουν τη χώρα από το ΔΝΤ και να αντιμετωπίσουν την κρίση.

Η Αργεντινή σταμάτησε να αποπληρώνει μεγάλο μέρος των δανείων της, προς τον ιδιωτικό και δημόσιο τομέα, καταφέρνοντας σημαντικό κούρεμα του χρέους της και προχώρησε σε κρατικοποιήσεις των επιχειρήσεων, αδιαφορώντας για   τις   δικαστικές   διαμάχες.

Η ετήσια ανάπτυξη έφτασε το 8% , ανάμεσα στο 2003 και 2011, στηριζόμενη κυρίως στις εξαγωγές πρώτων υλών, προς τις αναδυόμενες   οικονομίες.

Η ανεργία μειώθηκε στο 7,2% του ενεργού πληθυσμού και η φτώχεια περιορίστηκε κατά τα δύο τρίτα. Επιπλέον, το χρέος μειώθηκε στο 41% του ΑΕΠ.

89

Μετά την σημαντική διαγραφή του χρέους της, η Αργεντινή κατόρθωσε να σταθεί στα πόδια της, για κάποιο χρονικό διάστημα, αλλά όχι να επιστρέψει κανονικά στις αγορές και ο λόγος είναι τα όρνια των αγορών, όπως η εταιρία hedge fund Elliott Management, που κατέχει σημαντικό όγκο παλαιών ομολόγων, που δεν αποδέχθηκαν το διακανονισμό, που οι άλλοι δανειστές αποδέχθηκαν και απαιτούν πλήρη αποπληρωμή. Αυτοί είναι, που πρόσφατα κέρδισαν δικαστικές αποφάσεις στα αμερικανικά δικαστήρια, για την ακύρωση της διαγραφής του μεγαλύτερου μέρους του χρέους της Αργεντινής προς αυτούς.

Ο 70χρονος σήμερα, Αμερικανός, Πολ Σίνγκερ, ιδρυτής και διευθύνων σύμβουλος του hedge fund Elliott Management, που δημιούργησε τεράστια περιουσία , αγοράζοντας χρέος προβληματικών χωρών και εταιρειών για ένα κομμάτι ψωμί, εξαναγκάζοντας στη συνέχεια τους οφειλέτες να τον αποπληρώσουν, με κάθε μέσο στο πολλαπλάσιο, σε σχέση με τις τιμές αγοράς, είναι εκείνος που «πέτυχε» πρόσφατα, να εκδώσει απόφαση του Ανώτατου Δικαστηρίου των ΗΠΑ, να πληρωθούν στο ακέραιο οι ομολογιούχοι που δεν είχαν συμμετάσχει στις αναδιαρθρώσεις του αργεντίνικου χρέους το 2005 και 2010, μαζί με τους κατόχους των «κουρεμένων» κατά 70% ομολόγων.

Στην περίπτωση της Ελλάδας, η Elliott αποφάσισε να μην αγοράσει ελληνικά ομόλογα, γιατί εμπεριείχαν ρήτρα, που απέκλειε αυτό που έκανε στην Αργεντινή, κερδοσκόπησε όμως βάναυσα εις βάρος της χώρας, το 2011, μέσω αγοραπωλησιών ελληνικών CDS.

Ο σύγχρονος «οικονομικός Αττίλας», που στην περίπτωση της Αργεντινής, ηγήθηκε του 10% των ομολογιούχων, που αρνήθηκαν το «κούρεμα» των τίτλων που κατείχαν, επιχείρησε να κατασχέσει στην Γκάνα τη φρεγάτα Libertad του Πολεμικού Ναυτικού της Αργεντινής, ενώ δύο χρόνια πριν, είχε προσπαθήσει να κατασχέσει τα συναλλαγματικά αποθέματα της χώρας, ύψους

105 εκατ. Δολαρίων, που φυλάσσονταν στην Federal Reserve Bank of New York.

Στόχος αυτής της ιδιότυπης δικαστικής αντιμετώπισης, που πέτυχε σήμερα η Elliot, η οποία σε κάνει να αναρωτιέσαι και για την διαφάνεια της δικαιοσύνης, που λειτουργεί σε ευθεία γραμμή με την εκάστοτε πολιτική εξουσία, σε όποια παρυφή κομματική κι αν παραπλανητικά προσκρούει, και σε κράτη μάλιστα όπως οι ΗΠΑ, αποτελεί η δημιουργία δεδικασμένου, προκειμένου να καθίσταται δυσκολότερη η διαχείριση κρίσεων σε χρεοκοπημένες χώρες και να γίνονται υποχείρια στο όποιο ΔΝΤ, στην όποια υπερδύναμη, υπονομεύοντας κατ΄ ουσίαν όχι μόνο την οικονομική αλλά και την εθνική τους ανεξαρτησία...

Και θα προχωρήσω πιο βαθιά ακόμη. Οι ΗΠΑ έχοντας δεχθεί σοβαρά πολιτικά και οικονομικά «χτυπήματα», στο παρελθόν, από άλλες χώρες της Λατινικής Αμερικής, βλέπε Βενεζουέλα, δεν υπήρχε περίπτωση να μην κάνουν τα αδύνατα δυνατά, προκειμένου να εδραιώσουν την πολιτική και οικονομική τους κυριαρχία στην Αργεντινή, που αποτελεί επίσης πετρελαιοπαραγωγική χώρα και ανασυντάσσοντας τις δυνάμεις της οικονομικά, πολιτικά και το σημαντικότερο κοινωνικά , μπορεί να διεκδικήσει εξίσου μια ανεξάρτητη θέση, στην πολιτική αγορά της Λατινικής Αμερικής.

Ας μην ξεχνάμε το μεγαλύτερο πολιτικό εχθρό των ΗΠΑ, στη Λατινική Αμερική, τον Ούγκο Τσάβες. Ποιός ήταν όμως ο Ούγκο Τσάβες; Ήταν εκείνος που έκανε πραγματικότητα το όραμα για τη μείωση της φτώχειας και της κοινωνικής αδικίας, στη χώρα του, τη Βενεζουέλα. Αφού επιβίωσε από το στρατιωτικό πραξικόπημα, που στήριξε η Ουάσιγκτον, και τις υποκινούμενες απεργίες στην πετρελαϊκή βιομηχανία που απείλησαν την οικονομία, ο ΟύγκοΤσάβες διοχέτευσε όλα τα κέρδη από το πετρέλαιο σε κοινωνικές παροχές, στην υγεία και την παιδεία.

Η αιματοκυλισμένη εξέγερση του 1989, γνωστή ως Καρακάσο, που στρεφόταν ενάντια στον τότε εκλεγμένο πρόεδρο , Κάρλος Ανδρές Πέρες, αντιπρόεδρο μάλιστα (τι ειρωνεία)της Σοσιαλιστικής Διεθνούς , ο οποίος παραβιάζοντας την λαϊκή εντολή, οδήγησε τη χώρα στο ΔΝΤ, βυθίζοντας τον λαό στην φτώχεια και στην εξαθλίωση, οδήγησε τον Ούγκο Τσάβες στην εξουσία, υποσχόμενο να αλλάξει τη μοίρα της Βενεζουέλας.

91

Ο Ούγκο Τσάβες κράτησε την υπόσχεση του και μοίρασε δίκαια στο λαό τα κέρδη από τον πετρελαϊκό πλούτο, με τα κοινωνικά προγράμματα που εφάρμοσε, σε αντιδιαστολή με τα λεγόμενα διαρθρωτικά προγράμματα του ΔΝΤ που είχε πρωτύτερα ενταχτεί η χώρα και οδήγησαν στην έκρηξη της φτώχειας, της ανεργίας, και των σαρωτικών ιδιωτικοποιήσεων, επιτυγχάνοντας την πολιτική και οικονομική ανεξαρτησία της χώρας.

Η φτώχεια από το 85% πήγε στο 33% και σύμφωνα με άλλα στοιχεία στο 21% και η απόλυτη φτώχεια από 40% στο 7,3%. Η ανεργία είναι κοντά στο 7%. Ο αναλφαβητισμός που ήταν καθεστώς, έχει σχεδόν εξαλειφθεί και η χώρα είναι η 5η στον κόσμο σε ποσοστό φοιτητών. Η παιδική θνησιμότητα μειώθηκε στο μισό και το 96% του πληθυσμού έχει πρόσβαση σε πόσιμο νερό. Το 1998 υπήρχαν 18 γιατροί ανά 10.000 κατοίκους, σήμερα υπάρχουν 58 ενώ μέσα σε 13 χρόνια χτίστηκαν 3πλάσιες κλινικές από ότι τα σαράντα χρόνια από τις προηγούμενες κυβερνήσεις.

Η«πετρελαιοκίνητη», καθόσον λέγεται, επανάσταση του Ούγκο Τσάβες, παρότι άνοιξε τον δρόμο, σε μια νέα γενιά δημοκρατικών ηγετών στην Λατινική Αμερική, όπως τον Μοράλες στη Βολιβία, τον Κορέα στο Εκουαδόρ, τον Λούγκο στην Παραγουάη, έμεινε ημιτελής, γιατί δεν εδραίωσε αυτό το μοντέλο διακυβέρνησης και σε άλλα κράτη, έτσι ώστε να αποτελεί ασπίδα προστασίας σήμερα για την Αργεντινή και την όποια Αργεντινή.

Και παρόλο, που για εμένα προσωπικά, ο θάνατός του αποτελεί ανεξιχνίαστο μυστήριο, η δράση του θα αποτελεί λαμπρό παράδειγμα για το τι μπορεί να επιτύχει ο λαός όταν φέρνει, δεν θα έλεγα χαρισματικούς ηγέτες, αλλά ηγέτες, που πολιτικό τους στόχο έχουν, να υπηρετούν τον άνθρωπο και τις ανάγκες του, στη εξουσία...

Σχετικά με εμάς τώρα, τόσο το παράδειγμα της Βενεζουέλας, όσο και της Αργεντινής που αγωνίστηκε και συνεχίζει να αγωνίζεται ενάντια στο τέρας του καπιταλισμού, μας αφορούν τα μέγιστα, για να μην υποκύψουμε στις σειρήνες, που έντεχνα καλλιεργούνται, προκειμένου να αποδειχθεί, ότι η αντίδραση ενάντια στα κελεύσματα της διεθνούς οικονομικής τάξης, η οποία έχει ως στόχο να παραδειγματίσει χώρες όπως την Ελλάδα με τις πρακτικές της λιτότητας, θα μας οδηγήσει εκτός ευρώ και στην κατάσταση της Αργεντινής.

Για άλλη μια φορά το Δόγμα του Σοκ –το Δόγμα της Φτώχειας, έρχεται να μας διδάξει μέσω «διαδραστικής τεχνικής εκπαίδευσης», και με ατάκες όπως, « όταν ένα κράτος χρεοκοπήσει το κόστος το πληρώνουν πρώτα οι φτωχοί», «οι στρατηγικές βίαιης χρεοκοπίας αποδεικνύονται πολύ πιο οδυνηρές από τις οργανωμένες αναδιαρθρώσεις», «η μόνη αξιόπιστη έξοδος από την κρίση, είναι η βελτίωση της ανταγωνιστικότητας, μέσα από διαρθρωτικές μεταρρυθμίσεις, που σου επιβάλλουν ποιοι άλλοι, μα οι φίλοι μας οι Ευρωπαίοι και το ΔΝΤ», ότι οι όποιες προσπάθειες για αντίσταση, ενάντια στην υποδούλωση του λαού μας και της χώρα μας είναι μάταιες.

Εκείνο που δεν γνωρίζουν όμως οι πομποί μετάδοσης, είτε ενδογενείς είτε εξωγενείς, που διαδίδουν αυτά, υπηρετώντας τα συμφέροντα των «λίγων», είναι ότι την εξέγερση ενάντια στην προσχεδιασμένη εξαθλίωση των πολλών, δεν μπορεί να την σταματήσει κανείς, όσες δικαστικές αποφάσεις κι αν βγάλει, όσα ΔΝΤ κι αν δημιουργήσει, όσες Γερμανίες κι αν στρατολογήσει, όσες πρακτικές λιτότητας κι αν επινοήσει και αυτό γιατί ο κλοιός στενεύει και ο πανικός των «λίγων» που θέλουν να κυριαρχούν στον πλανήτη θα αποτελέσει το όπλο, που θα εκπυρσοκροτήσει πίσω...

93

ΑΡΘΡΟ 30 – ΠΡΩΤΗ ΔΗΜΟΣΙΕΥΣΗ 5/7/2014

ΠΑΤΡΙΔΟΚΑΠΗΛΟΙ ΚΑΙ ΛΟΙΠΟΙ ΦΑΡΙΣΑΙΟΙ

Και ενώ οι λαοί παγκοσμίως εξεγείρονται, ενάντια στα πειράματα υποδούλωσης, που επιχειρεί το μεγάλο κεφάλαιο, η Ελλάδα συνεχίζει ακάθεκτη να κωφεύει, να κλείνει τα μάτια, να απενεργοποιεί όλα τα αισθητήρια της, μπροστά στα εγκλήματα, που διαπράττονται στο εσωτερικό της χώρας, εις βάρος του Ελληνικού λαού.

Εντολοδόχος του εγχώριου και διεθνούς κεφαλαίου, η Ελληνική κυβέρνηση, η «Δημοκρατία» του 30% (ποσοστά ευρωεκλογών 2014 ΝΔ+ΕΛΙΑ) του ελληνικού εκλογικού σώματος, που ουδεμία σχέση έχει με την λαϊκή εντολή, βιάζεται να ξεπουλήσει, ότι βρίσκεται μπροστά της, πριν τη λήξη της θητείας της, προκειμένου να παραδώσει το εθνικό πλούτο της Ελλάδας, στο μεγάλο οικονομικό κεφάλαιο και μάλιστα, αντί πινακίου φακής.

Πρώτα το Ελληνικό, μετά η ΔΕΗ και ακολουθούν οι υδρογονάνθρακες και το πετρέλαιο, η ΕΥΔΑΠ και άλλα δημόσια αγαθά.

Και ας μιλήσουμε με ΤΕΧΝΟΚΡΑΤΙΚΟΥΣ ΟΡΟΥΣ :

Εφόσον η Ελληνική Κυβέρνηση και οι θιασώτες των «άνευ όρων» ιδιωτικοποιήσεων αποβλέπουν στο κέρδος, που θα λαμβάνει η Ελλάδα, από τις συμβάσεις των ιδιωτικοποιήσεων και την «ελέω Θεού» λειτουργία τους, σήμερα θα έπρεπε να έχουμε στα χέρια μας ένα εμπεριστατωμένο επιχειρηματικό πλάνο, το οποίο όχι μόνο θα ενημερώνει αναλυτικά τους αντιπροσώπους μας στη Βουλή, αλλά θα είναι και προσβάσιμο σε όλο τον Ελληνικό λαό , και θα παρουσιάζει επακριβώς, με μαθηματικούς

94

όρους την αντικειμενική και την εμπορική αξία της κινητής ή ακίνητης περιουσίας του Ελληνικού Δημοσίου, της δικής μας δηλαδή, αυτήν για την οποία πληρώνουμε τόσους φόρους, αυτή την οποία με αίμα έχουμε προστατεύσει από «εχθρούς και φίλους» και η οποία πρόκειται να πωληθεί, καθώς και το αντίστοιχο αντίτιμο, που θα δικαιολογεί την πώλησή της.

Μία επιχείρηση , στην προκειμένη περίπτωση το κράτος, αν υποθέσουμε ότι το κράτος λειτουργεί ως επιχείρηση, όταν θέλει να παρουσιάσει μια επιχειρηματική πρόταση αγοραπωλησίας κινητής ή ακίνητης ιδιοκτησίας , είτε στους μετόχους του, στην προκειμένη περίπτωση στον Ελληνικό λαό, ή στους αντιπροσώπους του στη Βουλή, είτε στους επικείμενους αγοραστές, καταρτίζει ένα βασικό επιχειρηματικό πλάνο/Business Plan, με βάση το οποίο καθορίζονται οι αξίες και τα στοιχεία της εν λόγω αγοραπωλησίας, σε ενεστώτα χρόνο, αλλά και προβλέπονται, σε μελλοντικό χρονικό ορίζοντα, τα κέρδη που θα αποφέρει σε πωλητή και αγοραστή, έτσι ώστε να καθορίζεται με ακρίβεια το αντίτιμο συνολικά της αγοραπωλησίας ή μέρους αυτής, αποδεικνύοντας πόσο συμφέρουσα είναι η συγκεκριμένη αγοραπωλησία για πωλητή /αγοραστή (να επιτευχθεί όπως λέμε στον χώρο των επιχειρήσεων μια «win/win situation», μια κατάσταση δηλαδή που να κερδίζουν και οι δύο). Και βέβαια αυτό το επιχειρηματικό σχέδιο/business plan, πρώτα θα πρέπει να αποσπάσει την πλειοψηφία της ψήφου των μετόχων της επιχείρησης/κράτους, που θα αντιληφθεί με νούμερα, τη ωφελιμότητα, που θα αποκτήσει από την συγκεκριμένη επιχειρηματική δράση.

Αυτά ισχύουν και στην πιο στυγνή νεοφιλελεύθερη προσέγγιση, που το κράτος θέλει να λειτουργεί ως επιχείρηση, πουλώντας τα

95

πάγια στοιχεία του, την ακίνητη και κινητή του περιουσία, προκειμένου να εισπράξει κέρδη που θα καλύψουν τις δομικές του ανάγκες, έτσι ώστε να ενισχύσει την παραγωγική και εμπορική του λειτουργία, που στην περίπτωση του κράτους στην Ελλάδα, αποτελούν τις ανάγκες που αφορούν συγκεκριμένα επαγγελματικά και κοινωνικά στρώματα, τα λεγόμενα μικρομεσαία, που αποτελούν τα 2/3 της Ελληνικής οικονομίας, έτσι ώστε να αυξήσει την παραγωγική του απόδοση και να αυξηθεί το ΑΕΠ, αλλά και να τονώσει την εμπορική του δραστηριότητα είτε στο εξωτερικό, είτε στην εγχώρια αγορά.

Αν μιλήσουμε για την έννοια του κράτους με διπλή υπόσταση, αυτήν που κατά την γνώμη μου θα πρέπει να έχει, να λειτουργεί δηλαδή ως οικονομική μονάδα, που θα συγκεντρώνει αριθμητικά μεγέθη, προκειμένου να τα διοχετεύει σε μη ανταποδοτικές παροχές, όπως κοινωνικές παροχές σε ευπαθείς ομάδες του πληθυσμού, αλλά και σε ανταποδοτικές παροχές όπως αυτές που περιγράφονται στην παραπάνω παράγραφο, τότε όχι μόνο θα πρέπει να διασφαλίζονται τα κέρδη που αναλογούν από την όποια αγοραπωλησία, αλλά να συμφωνούνται και μια σειρά αντισταθμιστικών οφελών στην εν λόγω κοινωνία, που θα φιλοξενήσει την όποια ελληνική ή ξένη ιδιωτική δραστηριότητα, που θα εμπορεύεται κοινωνικά αγαθά.

Στην προκειμένη περίπτωση κοινωνικά αγαθά δεν αποτελούν μόνο το νερό και η ενέργεια, που έχουν τον χαρακτήρα των άμεσων κοινωνικών αγαθών αλλά και ότι προκύπτει από την εκμετάλλευση των περιουσιακών στοιχείων του Ελληνικού λαού και θα πρέπει να διοχετεύεται σε κοινωνικά αγαθά, που έχουν έμμεσο χαρακτήρα, κοινωνικά αγαθά που αγοράζονται δηλαδή, από τα «κρατικά εισοδήματα» του Ελληνικού λαού.

Η Ελληνική Κυβέρνηση σήμερα, όχι μόνο δεν παράγει οικονομική και κοινωνική πολιτική, αλλά ούτε και φροντίζει να διασφαλίσει στοιχειωδώς τα οφέλη του Ελληνικού λαού, ως ισότιμού ετέρου στις συμβάσεις ,που τον καλεί να υπογράψει με το ελληνικό ή ξένο μεγάλο κεφάλαιο, που προσεταιρίζεται τα δημόσια αγαθά. Χαρακτηριστικό παράδειγμα είναι, ότι ακόμη και οι βουλευτές που πρόσκεινται σε αυτήν , δεν γνωρίζουν καν την αξία των κρατικών περιουσιακών στοιχείων, που καλούνται να «εκποιήσουν», με την ψήφο τους,...

Η Ελληνική Κυβέρνηση είναι μόνο χαρούμενη, όταν ξαναβγαίνει η Ελλάδα στις αγορές, σαν την αγελάδα που της φοράνε τον χαλκά στη μύτη και την περιφέρουνε, για να δείξουνε το καλό εμπόρευμα, για να δανείζεται χρήματα ολοένα και περισσότερα, πού δεν αγοράζουν ούτε την τροφή της, προκειμένου να γίνει πιο παραγωγική...

Πιο συγκεκριμένα τώρα, σε σχέση με το νομοσχέδιο, που κατατέθηκε στη Βουλή για τη «Μικρή ΔΕΗ» και το οποίο απειλεί την οικονομική και κοινωνική ισορροπία της χώρας, προκαλώντας εμφυλιοπολεμική σύρραξη μεταξύ διαφορετικών επαγγελματικών ομάδων, έχουμε να κάνουμε με ένα νομοσχέδιο το οποίο δεν αναφέρεται καν στην αντικειμενική και εμπορική αξία του οργανισμού της ΔΕΗ, έτσι ώστε να δικαιολογεί το αγοραστικό του αντίτιμο, αλλά ούτε και διασφαλίζει, όχι με την μη αύξηση των τιμολογίων και περαιτέρω επιβάρυνση των καταναλωτών, αλλά με την δραματική τους μείωση, έτσι ώστε να συμβάλλει στην συνολική μείωση του κόστους ζωής, εφόσον έχουν πραγματοποιηθεί δραματικές μειώσεις των μισθών και συντάξεων και να αρχίσει να επιτυγχάνεται τουλάχιστον μια κατ' ελάχιστο οικονομική ισορροπία. Επίσης το εν λόγω νομοσχέδιο,

97

δεν αναφέρεται στις νέες θέσεις εργασίας σε συνάρτηση με την κατοχύρωση του κατώτατου μισθού, που θα προβλέπεται , έτσι ώστε οι εργαζόμενοι να μπορούν να ζουν με αξιοπρέπεια και με βάση το κόστος ζωής, σήμερα στην Ελλάδα, παρά το αφήνει στην ελεήμονα διάθεση του κάθε νέου ετέρου της ΔΕΗ.

Άρα τα επιχειρήματα Κυβέρνησης, πως πωλείται το 30 % της ΔΕΗ, προκειμένου ο καταναλωτής να απολαμβάνει φθηνό ρεύμα και καλύτερες υπηρεσίες, πως θα δημιουργηθούν καινούργιες θέσεις εργασίας, δεν ισχύουν και λειτουργούν παραπλανητικά , έτσι ώστε να αποσπάσουν δόλια την συναίνεση του λαού και αυτό αποτελεί απάτη.

Μία ακόμη μεγαλύτερη απάτη, αποτελεί το γεγονός ότι το συγκεκριμένο νομοσχέδιο προβλέπει τη μεταφορά μονάδων ηλεκτροπαραγωγής καθώς και μέρους (30 %) των πελατών της ΔΕΗ σε νέα εταιρεία, που σημαίνει ότι θα πουληθεί μόνο το υγιές κομμάτι της ΔΕΗ, ότι δηλαδή οι αγοραστές δεν θα έχουν καμιά συμμετοχή στις ζημίες της ΔΕΗ , τις οποίες για μια ακόμη φορά θα χρεωθεί εξ' ολοκλήρου ο ελληνικός λαός. Στα κέρδη μόνοι τους δηλαδή και στις ζημίες μόνοι μας... Θα αγοράσουν δηλαδή το καθαρό 30% της ΔΕΗ, όσο κοστίζει μια μόνο μονάδα ηλεκτροπαραγωγής, κόστος υποπολλαπλάσιο της συνολικής της αξίας, συμπεριλαμβανομένων και των αποθεμάτων της σε λιγνίτη, και θα πληρώσουμε τις ζημίες εμείς... που δεν ευσταθεί ούτε καν σε τεχνοκρατική βάση, γιατί όταν πουλάμε μια επιχείρηση στην αγορά, ο αγοραστής αναλαμβάνει και τις παθογένειες της... Εξάλλου για αυτό πουλάμε...

Η απελευθέρωση η αλλιώς απορρύθμιση της Ηλεκτρικής Ενέργειας στην Βρετανία, οδήγησε 3,5 εκ. νοικοκυριά στην ενεργειακή φτώχεια. Στην Γερμανία, με την απελευθέρωση της ηλεκτρικής ενέργειας, σημειώθηκε αύξηση στα ενεργειακά τιμολόγια κατά 22%, ενώ στην Βουλγαρία σημειώθηκε αύξηση στα ενεργειακά τιμολόγια κατά 100%. Συνολικά η πολιτική αυτή εφαρμόστηκε σε 24 χώρες της Ευρώπης, από τις οποίες στις 20, υπήρξε κατά μέσο όρο αύξηση στα τιμολόγια, από 15 -25 %. Αξίζει να σημειωθεί ότι η Γερμανία μελετά σήμερα την επαναδημοτικοποίηση της αντίστοιχης ΔΕΗ στη Γερμανία.

Η ρύθμιση ή μη απελευθέρωση δηλαδή της αγοράς, είναι η εφαρμογή της Δημοκρατίας στην οικονομία, είναι ο τρόπος που ο λαός ελέγχει τα μονοπωλιακές επιχειρήσεις, προκειμένου να μην μας ελέγχουν εκείνοι.

Η απελευθέρωση /απορύθμιση της ηλεκτρικής ενέργειας στην Καλιφόρνια των Ηνωμένων Πολιτειών, που επιβλήθηκε μετά από την ασφυκτική πίεση των εταιριών, αποδείχθηκε πεδίο ασύστολης αισχροκέρδειας των εταιριών λόγω των μονοπωλίων που αναπτύχθηκαν. Οι εταιρίες παραγωγής, διανομής και εμπορίας ενέργειας αρνούνταν να παράγουν ρεύμα στην τιμή που τους δίνονταν, με αποτέλεσμα να κάνουν σκόπιμες διακοπές ρεύματος, ή να πληρώνονται για το ρεύμα που ποτέ δεν διανεμήθηκε κι έτσι τα τιμολόγια ανέβαιναν από 100% έως 1000% της αξίας τους σε περιόδους αιχμής, για τον μέσο καταναλωτή.

Άρα έχουμε να κάνουμε με ένα σχέδιο νόμου, μια «επιχειρηματική πρόταση», σκόπιμα προχειροφτιαγμένη, προκειμένου να εξυπηρετηθούν οι ανάγκες των δανειστών αλλά και των διεθνών οικονομικών και πολιτικών ολιγαρχών, που εποφθαλμιούν στην δημόσια περιουσία μας, όχι μόνο για να

99

εκμεταλλευθούν τα μεγάλα οικονομικά οφέλη, που θα τους προκύψουν, αλλά και για να κρατούν τον λαό σε πολιτική καταστολή, εφόσον πρόκειται για βασικά κοινωνικά αγαθά που καθίστανται απαραίτητα, για να ζήσει όχι μόνο ο μέσος Έλληνας, αλλά και ο μέσος άνθρωπος και οι οποίοι έχουν κάνει επικερδείς συμβάσεις, με το αντίστοιχο ελληνικό πολιτικό και οικονομικό κεφάλαιο, που θα αναφέρονται ιστορικά και ως οι «έτεροι συμβαλλόμενοι πατριδοκάπηλοι», με αναφορά στις ίδιες συμβάσεις...

Όσο για εσάς συνέλληνες, θυμηθείτε:

Κάθε λέξη, που δεν λέμε, θα μας τρώει μέσα μας.

Κάθε αγώνας, που δεν δίνουμε, θα οπλίζει το χέρι του εχθρού μας.

Κάθε ψήφος, που δεν υπερασπίζεται τη χώρα μας, θα υποθηκεύει το μέλλον το δικό μας και τον παιδιών μας.

100

ΑΡΘΡΟ 31⁰ – ΠΡΩΤΗ ΔΗΜΟΣΙΕΥΣΗ 14/7/2014

ΟΤΑΝ Η ΝΤΟΜΑΤΑ ΘΑ ΜΥΡΙΖΕΙ ΜΠΑΝΑΝΑ...

Για χιλιάδες χρόνια η αγροτική παραγωγή, βασιζόταν στους αγρότες οι οποίοι διάλεγαν, φύτευαν και αναπαρήγαγαν ποικιλίες σπόρων. Τα τελευταία χρόνια όμως, αγροχημικές πολυεθνικές εταιρίες πιέζουν τις κυβερνήσεις παγκοσμίως, να υιοθετήσουν την βιομηχανοποιημένη μονοκαλλιέργεια. Οι αγρότες αναγκάζονται, να εγκαταλείψουν τις παραδοσιακές πρακτικές καλλιέργειας και αποθήκευσης σπόρων και να αγοράσουν γενετικά τροποποιημένους σπόρους, με αποτέλεσμα να γίνονται δέσμιοι των πολυεθνικών και να μπαίνει σε κίνδυνο η υγεία των καταναλωτών.

Δέκα αγροχημικές εταιρίες σήμερα, ελέγχουν το 73% της παγκόσμιας αγοράς σπόρων και το 93% των ποικιλιών των σπόρων έχουν εξαφανιστεί. Στην Ελλάδα, έχουμε χάσει σχεδόν το 97% των παραδοσιακών ποικιλιών των λαχανικών μας, μέσα στα τελευταία 50 χρόνια. Η κυριαρχία τους έχει αποδεκατίσει τη βιώσιμη γεωργία και έχει καταστρέψει την ποικιλότητα των καλλιεργειών, καθιστώντας τες ευάλωτες σε ασθένειες, που θα μπορούσαν να βάλουν σε κίνδυνο την διατροφική αλυσίδα.

Αξίζει να σημειωθεί, ότι όλα αυτά συμβαίνουν, ενώ δεν υπάρχει διασφάλιση σχετικά με την αύξηση της παραγωγής και των εισοδημάτων των αγροτών, αντιθέτως η συνεργασία με τις εν λόγω πολυεθνικές, έχει οδηγήσει πολλούς αγρότες στην πτώχευση και στην συνέχεια στην αυτοκτονία (βλέπε Ινδία), προκειμένου να γλιτώσουν από τα χρέη τους, καθώς οι αγρότες υπογράφουν συμβόλαια, με βάση τα οποία, καλούνται να χρησιμοποιήσουν τους σπόρους μία μόνο φορά, εφόσον ο σπόρος που προκύπτει από την πρώτη σπορά, θεωρείται και πάλι ιδιοκτησία της πολυεθνικής, όπως και ο σπόρος ενός φυτού, που έχει γίνει χρήση του λιπάσματός της.

Η επιστήμη από την άλλη μεριά, υπηρετώντας πιστά τις πολυεθνικές, δεν κατοχυρώνει τις επιπτώσεις της χρήσης των μονοκαλλιεργειών στην προστασία των αγρών, καθώς και των γενετικά μεταλλαγμένων προϊόντων στην ανθρώπινη υγεία, έτσι ώστε να τίθενται όρια στην δράση των πολυεθνικών. Σύμφωνα τον Οργανισμό Τροφίμων και Γεωργίας των Ηνωμένων Εθνών, έχουν χαθεί πάνω από τα τρία τέταρτα τα παραδοσιακών καλλιεργειών εξαιτίας των μονοκαλλιεργειών, που έχουν επιβάλλει οι πολυεθνικές.

Μια από αυτές τις πολυεθνικές, είναι και η εταιρεία Monsanto, η οποία κατοχυρώνει και ανανεώνει διαρκώς τις ήδη κατοχυρωμένες πατέντες γενετικά τροποποιημένων σπόρων, που εμφανίζουν φυσική αντίσταση σε ιούς και ζιζανιοκτόνα, αξιώνοντας, παράλληλα, την αποζημίωση της οποτεδήποτε γίνεται χρήση της τεχνολογίας της.

Η Monsanto έχει καταδικαστεί σε χώρες όπως η Μ. Βρετανία, η Γαλλία, η Βραζιλία για δημοσιοποίηση ψευδών επιστημονικών ισχυρισμών, που επιβεβαιώνουν πως η χρήση των μεταλλαγμένων είναι απόλυτα ασφαλής, με στόχο να παραπληροφορήσουν την κοινή γνώμη. Έχει αποκαλυφθεί μάλιστα, στο παρελθόν, ότι είχε «πληρώσει» επιστήμονες προκειμένου να αλλοιώσουν τα αποτελέσματα ερευνών σχετικά με τα μεταλλαγμένα προιόντα.

Σύμφωνα με την Press Project.gr :

Τον Ιανουάριο του 2005, η Monsanto αναγκάστηκε να πληρώσει πρόστιμο 1,5 εκατ. $ στην αμερικανική κυβέρνηση, για δωροδοκία προς αξιωματούχους της Ινδονησίας, που αποσκοπούσε στην αποφυγή ελέγχων σε νέες γενετικά μεταλλαγμένες καλλιέργειες βαμβακιού. Η Monsanto παραδέχτηκε ακόμη, ότι είχε πληρώσει πάνω από 700.000 $ για δωροδοκίες, προς διάφορους αξιωματούχους της Ινδονησίας, μεταξύ του 1997 και του 2002, που προέρχονταν από τις πωλήσεις των εντομοκτόνων της στην Ινδονησία, πωλήσεις για τις οποίες είχε δώσει αλλοιωμένα στοιχεία.

Τον Ιούνιο του 2005, γερμανικό δικαστήριο διέταξε τη Monsanto να αποκαλύψει δημόσια έκθεση 1000 σελίδων, η οποία αφορούσε εργαστηριακές έρευνες σε αρουραίους που είχαν καταναλώσει μεταλλαγμένο καλαμπόκι και επιβεβαίωνε ανησυχίες για τις επιπτώσεις του στην υγεία των τρωκτικών. Η Monsanto προσπάθησε σθεναρά να αποφύγει τη δημοσίευσή της.

Και ενώ συμβαίνουν όλα αυτά, ο πρόεδρος των ΗΠΑ, τον περασμένο μήνα, υπόγραψε διάταξη, σύμφωνα με την όποια ορίζεται πως δεν μπορεί να απαγορευτεί καμία γενετικά τροποποιημένη καλλιέργεια από τα ομοσπονδιακά δικαστήρια, ακόμη και αν υπάρχουν ενδείξεις, ότι αυτή είναι επιβλαβής για τον άνθρωπο και το περιβάλλον. Η ψήφιση της διάταξης, γνωστής πλέον ως Νόμος Προστασίας της Monsanto (Monsanto Protection Law), προκάλεσε έντονες αντιδράσεις, καθώς κατοχυρώνει νομική ασυλία στους φορείς βιοτεχνολογίας, που πειραματίζονται με γενετικά τροποποιημένα τρόφιμα.

Παράλληλα τα νομικά παράθυρα στο σχέδιο νόμου της Ευρωπαικής Ένωσης για τα μεταλλαγμένα όπως: «τα κράτη-μέλη δεν επιτρέπεται να απαγορεύουν την ελεύθερη κυκλοφορία του μεταλλαγμένου, παρά μόνον υπό τους όρους που προβλέπει η νομοθεσία της Ε.Ε.», μειώνουν τις δυνατότητες των κρατών-μελών να επιβάλουν περιορισμούς στην καλλιέργεια.

Η Ευρωπαική Ένωση, παρά τις πιέσεις από την πλευρά των οικολογικών οργανώσεων, όπως η Greenpeace, ολιγωρεί να συμπληρώσει το σχέδιο νόμου, έτσι ώστε να δίνει στις χώρες της Ευρωπαϊκής Ενωσης το νομικό συμπαγές δικαίωμα να απαγορεύσουν στα εδάφη τους την καλλιέργεια των μεταλλαγμένων.

Εν τω μεταξύ, ο επίτροπος Υγείας Tonio Borg, πρόσφατα ανακοίνωσε στο Λουξεμβούργο, ότι αναμένεται σύντομα να επιτραπεί η καλλιέργεια στην Ε.Ε. ενός νέου γενετικά τροποποιημένου αραβόσιτου.

Όλοι καταλαβαίνουμε λοιπόν, πως πρόκειται για ένα γενικότερο πλάνο , που προωθεί την ιδιωτικοποίηση της παραγωγής της γης , σε παγκόσμιο επίπεδο, προκειμένου να ελέγχεται η διατροφική αλυσίδα των ανθρώπων, των λαών, από τα οικονομικά και πολιτικά ολιγοπώλια. Δεν είναι δύσκολο μετά, να φανταστεί κανείς, πως θα προκύπτουν οι σύγχρονοι πόλεμοι.

Η αντίσταση στη διαστροφή της διατροφής του ανθρώπου, αποτελεί υποχρέωση όλων όσων θεωρούμε τους εαυτούς μας ενεργούς πολίτες αυτού εδώ του κόσμου...

ΑΡΘΡΟ 32 – ΠΡΩΤΗ ΔΗΜΟΣΙΕΥΣΗ 21/7/2014

ΟΤΑΝ ΟΙ ΒΟΜΒΑΡΔΙΣΜΟΙ ΒΑΦΤΙΖΟΝΤΑΙ ΚΑΛΟΙ...ΠΑΛΑΙΣΤΙΝΗ ΙΟΥΛΙΟΣ 2014

Η έννοια του κακού έχει αποκτήσει μια ιδιαίτερη βαρύτητα στην τρέχουσα πολιτική αντιπαράθεση, καθώς δεν βασίζεται στην αντικειμενική προσέγγιση της βίαιης και κακοποιού συμπεριφοράς, αλλά στα ιμπεριαλιστικά παιχνίδια κατά κρατών, που αποτελούν το «σύγχρονο άξονα του κακού». Η πάλη κατά του ιμπεριαλισμού βαφτίζεται «τρομοκρατία», το επίσημο κακό δηλαδή, προκειμένου να νομιμοποιηθούν οι μαζικές σφαγές και βίαιες μορφές μετακίνησης και εκδίωξης πληθυσμών.

Ιστορικά τέτοια φαινόμενα καταγράφονται σαν «εγκλήματα κατά της ανθρωπότητας», όπως το Ολοκαύτωμα κατά τον Β΄ Παγκόσμιο Πόλεμο, το οποίο και χρησιμοποιείται ως ιστορικό ορόσημο, ενώ άλλα περνάνε στα ψιλά γράμματα όπως η σφαγή στην Γιουγκοσλαβία , η γενοκτονία των Παλαιστινίων κλπ. Αξιοσημείωτο είναι δε, πως ιστορικά εναλλάσσονται οι λαοί στη θέση του δήμιου και του θύματος.

Χαρακτηριστική περίπτωση αποτελεί το Ισραήλ. Εκατομμύρια αθώοι είχαν σκοτωθεί, κατά τον Β΄ Παγκόσμιο Πόλεμο από την ναζιστική Γερμανία. Πλήθος πόλεις και χωριά είχαν καταστραφεί, ιδεώδη ριζωμένα στη κληρονομιά του ευρωπαϊκού Διαφωτισμού και τις ηθικές αρχές της δικαιοσύνης, της ισότητας και της ανθρώπινης αξιοπρέπειας είχαν ποδοπατηθεί. Οι περισσότεροι όμως Ευρωπαίοι, μετά τον πόλεμο δεν ήθελαν να ακούσουν, δεν ήθελαν να μιλήσουν, δεν ήθελαν να σκεφτούν ότι με κάποιον τρόπο και οι ίδιοι ήταν εμπλεκόμενοι, ίσως και συνυπεύθυνοι σε ότι είχε συμβεί.

Το ίδιο ακριβώς συμβαίνει και σήμερα με την Παλαιστίνη και πάλι η Ευρώπη δεν θέλει να ακούσει, να συζητήσει, να σκεφθεί την μαζική δολοφονία χιλιάδων Παλαιστινίων στην ίδια τους την πατρίδα. Αξίζει να σημειωθεί, ότι στα πρόσφατα γεγονότα δολοφονίας των τεσσάρων μικρών παιδιών σε παραλία της Γάζας, απαγορεύθηκαν μέχρι και οι διαδηλώσεις υπέρ των Παλαιστινίων στην Γαλλία.

Και ενώ οι αεροπορικές επιδρομές του Ισραηλινού στρατού στη Γάζα συνεχίζονται με αμείωτη ένταση τις τελευταίες 8 ημέρες και ο αριθμός των άμαχων νεκρών αυξάνεται δραματικά, διότι δεν μπαίνουν στην διαδικασία επιλεκτικής στοχοποίησης και έτσι προκύπτουν να εκατόμβες των αθώων θυμάτων, ο Ισραηλινός στρατός ετοιμάζει άλλη χερσαία εισβολή, με στόχο να ολοκληρώσει με τον πιο αιματηρό τρόπο τη γενοκτονία, που συντελείται για τον Παλαιστινιακό λαό.

Εκατοντάδες νεκροί και χιλιάδες τραυματίες, ανάμεσα τους δεκάδες γυναίκες και παιδιά, στην Γάζα έρχονται να καταδείξουν με τον πιο ωμό τρόπο την πραγματικότητα, ενώ έχουν καταστραφεί, μεταξύ άλλων, σχολεία, νοσοκομεία και τζαμιά. Οι ιατροφαρμακευτικές προμήθειες εξαντλούνται και οι συνθήκες νοσηλείας είναι ιδιαίτερα δύσκολες, λόγω των συνεχών διακοπών της ηλεκτροδότησης.

Και σε αυτή την «ανάκουρδη» ισορροπία της φύσης , όπου το άλλοτε χαρακτηρισμένο «θύμα» της παγκόσμιας κοινότητας γίνεται «θύτης», ξεχνώντας την ιστορία του, ο ΟΗΕ παίζει το ρόλο του πόντιου Πιλάτου, οι ΗΠΑ έχουν παραχωρήσει στο Ισραήλ μια ιδιότυπη διεθνή ασυλία και τα διεθνή αλλά και τα ελληνικά ΜΜΕ παρουσιάζουν τους Παλαιστίνιους ως τρομοκράτες, εξισώνοντας θύματα και θύτες με τον πιο αποτροπιαστικό τρόπο, την ίδια στιγμή που το Ισραήλ παραβιάζει κατάφωρα το διεθνές δίκαιο...

Δυστυχώς η διεθνής αλλά και η Ευρωπαική κοινότητα κωφεύει στα εγκλήματα, που έχει διαπράξει το Ισραήλ τα τελευταία 32 χρόνια κατά των Παλαιστινίων, ξεκινώντας από τις σφαγές του Αριέλ Σαρών στα στρατόπεδα Σάμπρα και Σατίλα, στους βομβαρδισμούς και την Πολιορκία της Βυρηττού και την εξορία 10.000 Παλαιστινίων στη Ραμάλα, τις κατεδαφίσεις σπιτιών και σχολείων μαζί με τους ενοίκους, επειδή δήθεν κατοικούσαν τρομοκράτες, τους μαζικούς βομβαρδισμούς με βόμβες διασποράς και τόσα άλλα που καταδικάζει και η υγιής ανθρωπιστική Ισραηλινή κοινότητα, που επιθυμεί να διευθετηθούν με ειρήνη τα θέματα που αφορούν την αρμονική συμβίωση των δύο λαών.

ΑΥΤΟ ΤΟ ΜΟΝΤΕΛΟ ΔΗΜΟΚΡΑΤΙΑΣ, «ΟΤΑΝ ΔΕΝ ΑΠΟΔΙΔΕΙ Η ΔΙΠΛΩΜΑΤΙΑ ΕΙΝΑΙ ΑΝΑΠΟΦΕΥΚΤΗ Η ΒΙΑ», Ο ΙΣΧΥΡΟΤΕΡΟΣ ΝΑ ΚΑΤΑΛΑΜΒΑΝΕΙ ΤΟ ΣΠΙΤΙ ΤΟΥ ΑΔΥΝΑΜΟΥ ΚΑΙ ΝΑ ΕΠΙΒΑΛΛΕΤΑΙ ΜΕ ΤΗ ΒΙΑ Σ'ΑΥΤΟΝ, ΔΕΝ ΕΥΑΓΓΕΛΙΖΕΤΑΙ ΣΙΓΟΥΡΑ ΟΥΤΕ ΤΗΝ ΕΙΡΗΝΗ, ΑΛΛΑ ΟΥΤΕ ΚΑΙ ΤΗΝ ΔΙΚΑΙΟΣΥΝΗ.

Ο άνθρωπος είναι το μοναδικό ον που έχει παρελθόν, τώρα αν θα έχει και μέλλον είναι κάτι που εξαρτάται από την αλληλεγγύη μεταξύ των λαών...

ΑΡΘΡΟ 33 – ΠΡΩΤΗ ΔΗΜΟΣΙΕΥΣΗ 4/8/2014

Η ΕΠΙΣΗΜΗ ΤΟΚΟΓΛΥΦΙΑ ΤΩΝ ΤΡΑΠΕΖΩΝ

Και ο λόγος για τις τράπεζες και τα κόκκινα δάνεια πάλι...

Οι τράπεζες, ως άλλοι επίσημοι «τοκογλύφοι», εποφθαλμιούν ακόμη και στην πρώτη κατοικία των νοικοκυριών που έχουν αδυναμία αποπληρωμής δανείων.

Ένα τραπεζικό σύστημα με προσλαμβάνουσες από τα κέντρα του κεφαλαίου του εξωτερικού, που έχει αναλάβει υπεργολαβικά την επιβολή του Δόγματος του Σοκ επάνω στο Έλληνα φορολογούμενο πολίτη, προκειμένου να δέχεται την καταστροφή ως φυσικό φαινόμενο, χωρίς να του επιτρέπεται να αναζητήσει ευθύνες, και έτσι να μετασχηματισθεί σε υπάκουο σκλάβο/υπήκοο του εγχώριου και διεθνούς κεφαλαίου.

Έτσι ο μέσος Έλληνας φορολογούμενος αδυνατεί ,λόγω της αύξησης του κόστους ζωής και σε συνδυασμό με την δραματική μείωση του μισθού του ή της σύνταξης του, να αποπληρώσει το δανεισμό, προιόν που το ίδιο το σύστημα τον έχει πιέσει να του πουλήσει.

Με το δόγμα του Σοκ υπόκειται σε έναν έκφυλο εκβιασμό από τις τράπεζες, σε συνεργασία με ένα υδροκέφαλο πολιτικό σύστημα, να περικόψει από το φαγητό και την περίθαλψη του ιδίου και των παιδιών του, προκειμένου να αποπληρώσει τις ατασθαλίες του κεφαλαίου και τις επιπτώσεις από την αδιαφάνεια του συστήματος.

Τα κοράκια του τραπεζικού συστήματος, ενώ έχουν ήδη δανεισθεί από το κράτος με χαμηλότερα επιτόκια και δανείζουν με πολλαπλάσια επιτόκια το καταναλωτικό κοινό, έχουν ήδη βγάλει τις όποιες ζημίες τους συντρέχουν.

Και δεν ισχύει μόνο αυτό, τα χρήματα τα οποία πωλούσαν με περισσή ευκολία στο καταναλωτικό κοινό, που αδυνατούσε να τα αποπληρώσει, τα μεταπωλούσαν στις εισπρακτικές εταιρίες όπως η ΕΟΣ, ενώ οι ίδιες οι τράπεζες τα ενέγραφαν ως ζημίες στα λογιστικά τους βιβλία, με αποτέλεσμα την απαίτηση ανακεφαλαιοποίησης τους από το κράτος, προκειμένου να μην χρεοκοπήσουν.

Την ανακεφαλαιοποίηση των τραπεζών από τα ανεξόφλητα δάνεια και το PSI, το κράτος ενέταξε μέσα στα χρήματα που συνεχίζει να δανείζεται από την Ευρωπαική Ένωση, τα οποία τελικά πληρώνει ο φορολογούμενος πολίτης μέσα από την έμμεση η άμεση φορολογία, διότι εκεί διοχετεύεται το μεγαλύτερο μέρος του εξωτερικού δανεισμού που συνιστούν και απαιτούν τα μνημόνια.

ΣΥΝΕΠΩΣ ΤΑ ΑΝΕΞΟΦΛΗΤΑ ΔΑΝΕΙΑ ΕΧΟΥΝ ΚΑΤΑΓΡΑΦΕΙ ΩΣ ΖΗΜΙΕΣ ΣΤΟΥΣ ΙΣΟΛΟΓΙΣΜΟΥΣ ΤΟΥΣ ΣΤΟ ΕΝΕΡΓΗΤΙΚΟ ΤΟΥΣ, ΜΕ ΑΠΟΤΕΛΕΣΜΑ ΤΗΝ ΑΝΑΓΚΗ ΑΝΑΚΕΦΑΛΑΙΠΟΙΗΣΗΣ ΤΟΥΣ ΚΑΙ ΤΗΝ ΕΙΡΣΡΟΗ ΡΕΥΣΤΟΥ, ΑΠΟ ΤΟΝ ΕΥΡΩΠΑΙΚΟ ΔΑΝΕΙΣΜΟ ΠΟΥ ΟΛΟΙ ΠΛΗΡΩΝΟΥΜΕ.

ΟΙ ΙΔΙΕΣ ΖΗΜΙΕΣ ΑΠΟ ΤΑ ΔΑΝΕΙΑ ΕΙΣΠΡΑΤΤΟΝΤΑΙ ΠΑΡΑΝΟΜΑ ΠΑΛΙ ΑΠΟ ΤΙΣ ΤΡΑΠΕΖΕΣ, ΜΕΣΑ ΑΠΟ ΤΗΝ ΜΕΤΑΠΩΛΗΣΗ ΤΟΥΣ ΣΤΙΣ ΕΙΣΠΡΑΚΤΙΚΕΣ ΕΤΑΙΡΙΕΣ ΚΑΙ ΕΤΣΙ ΔΙΑΓΡΑΦΟΝΤΑΙ.

ΟΙ ΤΡΑΠΕΖΕΣ ΔΗΛΑΔΗ ΕΧΟΥΝ ΗΔΗ ΕΙΣΠΑΞΕΙ ΕΙΣ ΔΙΠΛΟΥΝ ΤΑ ΔΑΝΕΙΑ ΤΩΝ ΟΦΕΙΛΕΤΩΝ, ΕΝΩ ΟΙ ΕΙΣΠΡΑΚΤΙΚΕΣ ΕΤΑΙΡΙΕΣ ΠΑΡΑΝΟΜΩΣ ΑΠΕΙΛΟΥΝ ΚΑΙ ΕΚΒΙΑΖΟΥΝ ΤΟΥΣ ΑΤΥΧΟΥΣ ΟΦΕΙΛΕΤΕΣ, ΝΑ ΑΠΟΛΗΡΩΣΟΥΝ, ΟΤΙ ΗΔΗ ΑΠΟΛΗΡΩΝΟΥΝ ΜΕΣΑ ΑΠΟ ΤΗΝ ΔΥΣΒΑΣΤΑΧΤΗ ΦΟΡΟΛΟΓΙΑ ΤΟΥΣ, ΚΑΙ ΤΟΥΣ ΑΠΕΙΛΟΥΝ ΟΤΙ ΘΑ ΧΑΣΟΥΝ ΤΑ ΣΠΙΤΙΑ ΤΟΥΣ ΜΕ ΚΑΤΑΣΧΕΣΗ /ΠΛΕΙΣΤΗΡΙΑΣΜΟ ΚΑΙ ΟΤΙ ΘΑ ΠΑΝΕ ΦΥΛΑΚΗ.

(Αποσπάσματα από «ΤΟ ΔΟΓΜΑ ΤΗΣ ΦΤΩΧΕΙΑΣ»)

Αυτές ενέργειες θα έπρεπε να κρίνονται ως παράνομες και εγκληματικές και έτσι να κατοχυρώνονται από το Σύνταγμα και να τιμωρούνται παραδειγματικά.

Για αυτό η κατ' ελάχιστο προσέγγιση, που θα έπρεπε να επεξεργάζεται, μετά από όλα αυτά, η κυβέρνηση για τα κόκκινα δάνεια, είναι να προστατεύσει τους οικονομικά αδύναμους, παρέχοντας όχι μόνο απλές διευκολύνσεις σε όσους πραγματικά δε μπορούν να ανταποκριθούν στις σημερινές υποχρεώσεις των στεγαστικών τους και άλλων δανείων, αλλά και συντριπτικό κούρεμα που θα συνίσταται στην δυνατότητα αποπληρωμής του δανείου , με βάση τα εισοδήματα του δανειολήπτη, έτσι όπως καταγράφονται στην φορολογική του δήλωση, εφόσον αυτή είναι η αντιπροσωπευτική εικόνα της σημερινής του διαβίωσης, με τον εξευτελιστικό μισθό (αν δεν είναι άνεργος) ή την εξευτελιστική σύνταξη και όχι εκείνη τον καιρό που υπέγραφε την δανειακή σύμβαση με την τράπεζα, ενώ στους άνεργους να διαγράφεται καθολικά το χρέος.

Επίσης, το δεύτερο σκέλος του νομοσχεδίου, θα πρέπει να αφορά τους μελλοντικούς δανειολήπτες, έτσι ώστε να μην επιβαρύνονται με δάνεια που έχουν υψηλά και κατά συνέπεια μη βιώσιμα επιτόκια, θέτοντας όρους με βάση τους οποίους οι δανειακές συμβάσεις δεν θα γίνονται καταχρηστικές και δεν θα αισχροκερδεί το χρηματοπιστωτικό σύστημα εις βάρος του δανειολήπτη.

Η κυβέρνηση δηλαδή, θα πρέπει να παράσχει όχι μόνο προστασία στον πολίτη και τις επιχειρήσεις , απέναντι στις τοκογλυφικές διαθέσεις των τραπεζών, αλλά και να νομοθετεί τοιουτοτρόπως, έτσι ώστε να θωρακίσει την εσωτερική οικονομία της χώρας και να αποκαταστήσει τον κοινωνικό ιστό, που φαίνεται να έχει διαλυθεί από τις αλλεπάλληλες ληστρικές επιδρομές του χρηματοπιστωτικού κεφαλαίου.

Η ΕΠΙΛΕΚΤΙΚΗ ΑΝΘΡΩΠΙΣΤΙΚΗ ΕΥΑΙΣΘΗΣΙΑ ΤΗΣ ΔΥΣΗΣ

Και ενώ η συντριβή όλου του κόσμου είναι μεγάλη, για την αιματοχυσία που συντελείται στην λωρίδα της Γάζας, οι Ηνωμένες Πολιτείες επεμβαίνουν στρατιωτικά στο Ιράκ, για πρώτη φορά μετά το 2011 και την αποχώρηση των αμερικανικών στρατιωτικών δυνάμεων, με στοχευμένες αεροπορικές επιδρομές κατά των δυνάμεων του Ισλαμικού Κράτους, με στόχο την πρόληψη πιθανής «γενοκτονίας μειονοτήτων», αλλά και την απόφαση της ιρακινής κυβέρνησης να παραδώσει πυρομαχικά στο Ερμπίλ, πρωτεύουσα της ημιαυτόνομης κουρδικής περιοχής.

Σύμφωνα με τον εκπρόσωπο του Πενταγώνου, δύο βομβαρδιστικά έπληξαν χθες το μεσημέρι κινητή μονάδα πυροβολικού του Ισλαμικού Κράτους, που έβαλλε κατά των κουρδικών δυνάμεων στο Ερμπίλ, ενώ λίγες ώρες αργότερα, έπληξαν στρατιωτική φάλαγγα «τρομοκρατών» και θέσεις όλμων κοντά στην περιοχή.

Το καμουφλαρισμένο σχέδιο διείσδυσης στα εσωτερικά της χώρας, προέβλεπε επίσης ανθρωπιστική βοήθεια, με ρίψεις τροφίμων από τρία μεταγωγικά αεροσκάφη, συνοδευόμενα από δύο καταδιωκτικά F/A-18και νερού στην ορεινή ζώνη, όπου έχουν καταφύγει χιλιάδες Ιρακινοί καταδιωγμένοι από την προέλαση των δυνάμεων του Ισλαμικού Κράτους στο βόρειο Ιράκ.

Έτσι επιβεβαιώνεται και η πληροφορία, που είχε δοθεί σε προγενέστερο άρθρο (ΣΥΡΙΑ, ΟΥΚΡΑΝΙΑ, ΙΡΑΚ, Η ΤΡΙΛΟΓΙΑ ΤΗΣ ΔΙΑΙΡΕΣΗΣ) και είχε αμφισβητηθεί τότε από την Ιρακινή Κυβέρνηση του πρωθυπουργού Νούρι Αλ- Μαλίκι, καθώς και από την Αμερικανική Κυβέρνηση, ότι είχε γίνει επίσημη πρόσκληση από την Ιρακινή Κυβέρνηση για την διαμεσολάβηση των ΗΠΑ, έτσι ώστε να είναι κατοχυρωμένη νομικά η Κυβέρνηση των ΗΠΑ για τα στρατιωτικά πλήγματα.

Όπως μπορεί εύκολα να καταλάβει κανείς, το σχέδιο της εκ νέου επέμβασης στο Ιράκ, υποστηρίχθηκε από καλοδουλεμένες επικοινωνιακές στρατηγικές, που στόχο είχαν να αποπροσανατολίσουν την παγκόσμια κοινή γνώμη, και να αποκρύψουν τους πραγματικούς στόχους αυτής της επέμβασης.

Η 11η Σεπτέμβρη άνοιξε τεχνιέντως τον δρόμο, σε οτιδήποτε είχε αντιδυτικό προσανατολισμό να βαφτίζεται «τρομοκρατία», και έτσι οι ΗΠΑ να επεμβαίνουν στρατιωτικά, με τις ευλογίες του υπόλοιπου κόσμου, σε χώρες όπως το Ιράκ, με στόχο ένα απόλυτα δυτικόφιλο πολιτικό σκηνικό στην περιοχή, το οποίο πρώτιστα δεν θα απειλεί την ασφάλεια του Ισραήλ.

Το πετρέλαιο σε δεύτερη φάση, έρχεται να κατοχυρώσει όχι μόνο τις πετρελαικές ανάγκες των ΗΠΑ, αλλά και κυρίαρχων χωρών της Ευρωπαικής Ένωσης, όπως η Γερμανία και η Γαλλία, για αυτό και οι σχετικές αντιδράσεις και των δύο χωρών σε αυτά που συντελούνται γενικότερα στην Μέση Ανατολή, καθώς και η κάθετη στάση της Γαλλικής Κυβέρνησης είτε συντηρητικής είτε σοσιαλιστικής να συμμετέχει με στρατεύματα στο Ιράκ αν χρειαστεί, προκειμένου υποτίθεται, να αποκατασταθεί η ισορροπία στην περιοχή, την ίδια στιγμή που απαγορεύει τις διαδηλώσεις για τις σφαγές των Παλαιστινίων…

Στα πλαίσια λοιπόν καταπολέμησης της «τρομοκρατίας», οι ΗΠΑ έχουν υιοθετήσει για τους εαυτούς τους και τους Ευρωπαίους «συντρόφους» τους, που προτιμούν να μένουν στο παρασκήνιο, εδώ και χρόνια, το σχέδιο «εκδημοκρατισμού δια της βίας» όλων των Αραβικών χωρών. Έτσι τέθηκε και ο πρώτος στόχος, η ανατροπή του Σαντάμ Χουσεΐν, ο οποίος αποτελούσε δικό τους δημιούργημα, όπως και ο Οσάμα Μπιν Λάντεν.

Στα σχέδια των ΗΠΑ ήταν, εδώ και αρκετά χρόνια, η δημιουργία ενός απόλυτα ελεγχόμενου ομοσπονδιακού κράτους στο Ιράκ, βασισμένου στις 3 «φυλές» του: Σουνίτες, Σιίτες και Κούρδοι (20% του πληθυσμού). Για τους Κούρδους προβλεπόταν ένα αυτόνομο κρατίδιο στο βόρειο τμήμα της χώρας, στα πλαίσια του ομοσπονδιακού κράτους, γνωστό σήμερα και ως το ημιεπίσημο κράτος του Κουρδιστάν. Και τα κατάφεραν ...

Σήμερα μπαίνουν πάλι στην διαδικασία του διαίρει και βασίλευε, σε αυτά που οι ίδιοι δημιούργησαν, προκειμένου να κατοχυρώσουν την απόλυτη κυριαρχία τους στην περιοχή.

Η βολική δε διένεξη Ισραήλ-Παλαιστινίων, ευνοεί στην υλοποίηση όλων των γεωπολιτικών και οικονομικών στόχων των ΗΠΑ και των Ευρωπαίων συμμάχων τους, καθώς και την επέμβαση της Ρωσίας στην Ουκρανία, υπό το καθεστώς των ανίερων συμμαχιών ενόψει συμφερόντων, όπως ακριβώς είχε συμβεί με την εισβολή των ΗΠΑ στην Γιουγκοσλαβία και την ταυτόχρονη επέμβαση των Ρώσων στη Τσετσενία και «δεν άνοιξε πολιτική μύτη», μόνο οι λαοί αιματοκυλίσθηκαν ...

Παράλληλα, ο ΟΗΕ αναζητεί τρόπους για το άνοιγμα ανθρωπιστικού διαδρόμου για την απομάκρυνση των πολιτών που απειλούνται από τους τζιχαντιστές του Ισλαμικού Κράτους, ενώ η Γαλλία δηλώνει έτοιμη να συμμετάσχει στην ανθρωπιστική αρωγή των πληθυσμών που απειλούνται από τις ωμότητες του Ισλαμικού Κράτους.

Και εγώ αναρωτιέμαι για την «επιλεκτική ανθρωπιστική ευαισθησία» που εκφράζουν όλοι αυτοί, την στιγμή που στην Παλαιστίνη σκοτώνονται χιλιάδες άμαχοι, απειλείται ένας ολόκληρος λαός με γενοκτονία και αυτοί απλά τυρβάζουν αδιάφορα... ενώ θα έπρεπε να είχαν προχωρήσει στις ίδιες «βομβαρδιστικές παρεμβατικές προσπάθειες» στο Ισραήλ όπως και στο Ιράκ, προκειμένου να αποκαταστήσουν την ισορροπία στην περιοχή. Τότε ίσως θα μπορούσα να δεχτώ τους σκοπούς

112

που ευαγγελίζονται... αλλιώς θα μου γυρνάνε τα άντερα, βλέποντας τον κόσμο να τους ανέχεται...

ΣΤΡΑΤΗΓΙΚΟ ΕΜΠΑΡΓΚΟ ΤΩΝ ΕΛΛΗΝΙΚΩΝ ΠΡΟΙΟΝΤΩΝ

Τούρκικη η σημαία στα εξαγώγιμα αγροτικά προιόντα προς Ρωσία. Με την υπακοή της Ελλάδας στα γεωπολιτικά παιχνίδια των ΗΠΑ, που απαίτησαν οι Ευρωπαίοι «σύντροφοι», και την εκούσια πολιτική υπογραφή, που κατέθεσε η Ελληνική Κυβέρνηση στο «σύμφωνο» περί «φαινομενικής τιμωρίας» της Ρωσίας για τα γεγονότα στην Ουκρανία, και τα οικονομικά αντίμετρα κατόπιν από πλευράς της Ρωσίας, αποκλείσθηκαν τα Ελληνικά αγροτικά προιόντα από την Ρώσικη αγορά. Έτσι ο μεγάλος κερδισμένος της, επαναλαμβάνω, τυπικής σύγκρουσης Δύσης-Ρωσίας, θα είναι η Τουρκία, αφού θα καλύψει το κενό που άφησαν οι Ευρωπαίοι στην ρωσική αγορά.

Η Τουρκία, που είναι μέλος του ΝΑΤΟ και επιθυμεί και την ένταξή της στην ΕΕ, έχει καταφέρει όχι μόνο να επιβάλλει τους όρους που θέλει αυτή στις οικονομικές της συναλλαγές και αυτό γιατί δεν βάζει κανέναν και τίποτα πάνω από το εθνικό της συμφέρον, ενώ αδιαφορεί εάν αυτό αρέσει στην Ουάσιγκτον ή στις Βρυξέλλες, αλλά και να αποτελεί ρυθμιστικό παράγοντα στην ευρύτερη περιοχή, επιβάλλοντας την κατοχική της παρουσία στην Βόρεια Κύπρο, ζήτημα για το οποίο σε κάποια κοντινή χρονική στιγμή θα μας απαγορεύεται ακόμη και να μιλάμε, προκειμένου να μην διαρραγούν οι πολύτιμες πολιτικές ισορροπίες.

Αλήθεια, πόσο εύκολα αλλάζουν στρατόπεδα οι συμμαχικές παρτίδες... Οι οικονομικές σχέσεις μεταξύ της Ρωσίας και

Τουρκίας έχουν γίνει πρώτο θέμα στον Τουρκικό Τύπο, μετά από την πίεση των Ηνωμένων Εθνών και των ΗΠΑ κατά της Ρωσίας, με αφορμή το «Ουκρανικό» και έτσι ανοίγει ο δρόμος να προμηθεύει με αγροτικά προιόντα η Τουρκία τη Ρωσία.

Η Ρωσία έχει επίσημα ανακοινώσει, ότι θα σταματήσει να αγοράζει φρούτα και λαχανικά από οποιαδήποτε μέλος της Ευρωπαικής Ένωσης, καθώς και από τον ανατολικό συνασπισμό της Πολωνίας, λόγω των οικονομικών κυρώσεων, που της έχουν επιβληθεί.

Η Ρωσία, που δεν είναι αυτοεξυπηρετούμενη χώρα σε αγροτικά προϊόντα και εισάγει το 35% των αναγκών της σε τρόφιμα, έχει ήδη ξεκινήσει να δημιουργεί επίσης οικονομικές σχέσεις με μη ευρωπαϊκές χώρες, που αποτελούν πολιτικούς της συμμάχους, όπως η Βραζιλία και η Κίνα, προκειμένου να αντικαταστήσει τα προϊόντα   που   απαγόρευσε.

Πολλές είναι οι Ευρωπαικές χώρες που πλήττονται εκτός της Ελλάδας, μεταξύ αυτών Πολωνία , Ολλανδία, Ιταλία και ίσως και πολλές άλλες, εκτός πάντα της Γερμανίας... Σύμφωνα τον Λιθουανό εκπρόσωπο της ΕΕ, Vygaudas Usackas, θα υπάρξει συνολικά απώλεια της τάξης των 12 δις ευρώ από τα ρωσικά οικονομικά   αντίμετρα   στην   Ευρώπη.

Η Κομισιόν από την άλλη μεριά, που βιάστηκε να προχωρήσει σε πολιτικές αποφάσεις, μην λαμβάνοντας υπ' όψιν το οικονομικό αντίκτυπο που θα έχουν οι κυρώσεις προς την Ρωσία και

115

ειδικότερα στις ασθενέστερες χώρες, όπως η Ελλάδα που μαστίζεται ο παραγωγικός και εμπορικός της ιστός από την κρίση και εναπόθετε πολλές ελπίδες στον αγροτικό κλάδο, προκειμένου να λειτουργήσει ως υποστηρικτική οικονομία, δεν έχει πλάνο για έκτακτη βοήθεια προς τους αγρότες που πλήττονται.

Και έτσι, ενώ ο καθένας παίζει το δικό του γεωστρατηγικό παιχνίδι, η Ελλάδα θα αιμορραγεί και στον αγροτικό τομέα, το αποκούμπι, που βρέθηκε να στηρίζει οικονομικά τα ασθενέστερα νοικοκυριά, εν μέσω κρίσης και μην έχοντας φροντίσει να διασφαλίσει δια μέσου της πολιτικής της κυβέρνησης την «a priori» απορρόφηση των αγροτικών της προιόντων από την Ευρωπαϊκή Ένωση, εφόσον ήταν αναμενόμενο να θιγούν οι οικονομικές της σχέσεις με τη Ρωσία, μετά την συναίνεση της στις κυρώσεις που της επιβλήθηκαν.

Το συγκλονιστικό δε είναι, ότι ενώ συμβαίνουν όλα αυτά, ο διαγωνισμός αποκρατικοποίησης της ΤΡΑΙΝΟΣΕ, για τον οποίο ενδιαφέρεται ο ρωσικός σιδηροδρομικός κολοσσός RZD σε κοινοπραξία με την ΓΕΚ ΤΕΡΝΑ, συνεχίζεται.

Για τους Ρώσους η απόκτηση του 100% της ΤΡΑΙΝΟΣΕ, συνεπάγεται πολύ μεγάλα οφέλη, ενώ ενδιαφέρονται επίσης και για την Εταιρεία Συντήρησης Σιδηροδρομικού Τροχαίου Υλικού Α.Ε. (ΕΕΣΣΤΥ), αλλά και για τον Οργανισμό Λιμένος Θεσσαλονίκης.

Η Ρωσία επιδιώκει όχι μόνο να ελέγξει την αλυσίδα των διαμετακομιστικών μεταφορών, ιδίως εάν καταφέρει να αποκτήσει το λιμάνι της Θεσσαλονίκης, αλλά και να κατασκευάσει την σιδηροδρομική σύνδεση της Μόσχας με την Αθήνα, η οποία θα διευκολύνει την διαμετακόμιση προιόντων που θα καταφθάνουν στο λιμάνι του Πειραιά από την Ασία. Η σιδηροδρομική γραμμή υψηλών ταχυτήτων, μεταξύ Αθήνας και Μόσχας, θα επιτρέπει στους Κινέζους να παρακάμψουν το λιμάνι του Ρότερνταμ, επιταχύνοντας σημαντικά την μεταφορά των εμπορευμάτων, μειώνοντας κατά συνέπεια το κόστος τους. Για αυτόν ακριβώς το σκοπό Ρωσία και Κίνα υπέγραψαν πρόσφατα συμφωνία ύψους 400 δισ. Δολαρίων, βάσει της οποίας, η Κίνα θα

116

προμηθεύεται, από το 2018, φυσικό αέριο από την ανατολική Ρωσία, μέσω αγωγού που σχεδιάζεται να κατασκευαστεί.

Εάν τα σχέδια αυτά υλοποιηθούν, τότε οι Ρώσοι θα αποκτήσουν πρόσβαση στις συνδυασμένες μεταφορές με τραίνο και πλοίο στην ευρύτερη περιοχή της Μεσογείου, παρακάμπτοντας τα στενά του   Βοσπόρου.

Ωστόσο, ενώ όλα αυτά θα αποτελούσαν μια «χρυσή» ευκαιρία, για την Ελλάδα να αναγκάσει την Ρωσία να αναλάβει και τις υποχρεώσεις της ΤΡΑΙΝΟΣΕ, που ανέρχονται στα 800 εκατ. ευρώ, χρέος που εξυπηρετούσε εκάστοτε πολιτικές σκοπιμότητες, και να δημιουργήσει ανταγωνιστικό πλεονέκτημα στην πώληση της, προς όφελος επιτέλους του Ελληνικού λαού, καθώς επίσης και να διαπραγματευτεί την απορρόφηση του μεγαλύτερου μέρους της αγροτικής, κτηνοτροφικής και αλιευτικής της παραγωγής, δεδομένων των διατροφικών αναγκών της Ρωσίας και της αντίστοιχης ζήτησης σε λαχανικά, φρούτα, γαλακτοκομικά, ψάρια και κρέατα, η Ελληνική Κυβέρνηση υπακούει τυφλά σε εντολές που δίνονται από το διοικητήριο της Ευρωπαικής Ένωσης και των ΗΠΑ, υπογράφει το εμπάργκο κατά της Ρωσίας, καθίσταται υπόλογος στα αντίμετρα, τσακίζει βασικούς παραγωγικούς της κλάδους, που θα αναγκάζονται να ζητούν ελεημοσύνη από την Ευρωπαική Ένωση, λες και δεν δούλεψαν για να παράγουν, και στο τέλος θα ξεπουλήσει και την ΤΡΑΙΝΟΣΕ και τον ΟΛΘ για ένα κομμάτι ψωμί, αναγκάζοντας αυτό τον περήφανο λαό να γίνει «κατάδικος μέσα στα κτήματά του...», για δεύτερη φορά μετά την Τουρκοκρατία...

«Σκάψε βαθιά Τα κλάματά σου έγιναν πέτρες και πώς θα τις σηκώσεις Σκάψε βαθιά Να βρεις τα σύνορα σου Κατάδικος μέσα στα κτήματα σου...» - Απόσπασμα : «UNFUCK THE WORLD» - Παναγιώτα Μπλέτα

ΑΡΘΡΟ 36 – ΠΡΩΤΗ ΔΗΜΟΣΙΕΥΣΗ 28/8/2014

Ο ΡΑΤΣΙΣΜΟΣ ΣΤΗΝ ΥΠΗΡΕΣΙΑ ΤΟΥ ΚΕΦΑΛΑΙΟΥ

Ρατσισμός είναι η αντίληψη ότι οι άνθρωποι δεν είναι όλοι ίσοι μεταξύ τους, αλλά διαχωρίζονται σε ανώτερους και κατώτερους. Το πιο συνηθισμένο είδος ρατσισμού, και αυτό που έχει δώσει την αρχική ονομασία στην λέξη, ιταλ. ("ράτσα") razza = φυλή), είναι ο φυλετικός ρατσισμός.

Ο σύγχρονος ρατσισμός όμως δεν περιορίζεται μόνο στις φυλ ετικές διακρίσεις. Έτσι εκτός από το φυλετικό ρατσισμό υπάρχει:

- Ο κοινωνικός ρατσισμός
- Ο εθνικός ρατσισμός
- Ο θρησκευτικός ρατσισμός
- Ο σεξουαλικός ρατσισμός
- Ο ρατσισμός κατά του γυναικείου φύλου
- Ο ρατσισμός των αναπτυγμένων κρατών σε βάρος υπανάπτυκτων

Πίσω από όλες αυτές τις κατηγορίες ρατσισμού όμως, κρύβεται η πραγματική διάσταση του ρατσισμού, που είναι η οικονομική αρπαγή και η εξουσιαστική υποταγή των στρωμάτων της κοινωνίας, που βρίσκονται σε αδυναμία να διαχειριστούν τον πλούτο που τους ανήκει.

Ο οικονομικός και εξουσιαστικός έλεγχος αποτελούν τα κίνητρα της ρατσιστικής συμπεριφοράς και προτρέπουν ακόμη και στην υιοθέτηση αυτής της επιθετικής τακτικής, έναντι των εξιλαστήριων θυμάτων.

Ο ρατσισμός δεν είναι σημερινό φαινόμενο. Υπήρχε σε διάφορες μορφές και εκφάνσεις στην συντριπτική πλειοψηφία των ανθρώπινων κοινωνιών, ενώ τους τελευταίους αιώνες απέκτησε και ιδεολογικό υπόβαθρο, ως προκάλυμμα των αντιδεοντολογικών του κινήτρων, γιατί ακόμη και η δεοντολογία του χρήματος και της εξουσίας έχει καταστεί περισσότερο υπολογίσιμη από την δεοντολογία που διέπει την ανθρωπιστική σύμβαση συμβίωσης.

118

Το πολυθρύλητο έργο του Ζοζέφ Αρτύρ ντε Γκομπινώ (Joseph Arthur De Gobineau): «Essai sur l' inégalité des races humaines» – «Δοκίμιο επί της ανισότητας των ανθρωπίνων φυλών», που δημοσιεύτηκε το1853, αποτέλεσε ουσιαστικά τη θεωρητική κάλυψη και ευλογία των αποικιοκρατών.

Η πολιτική των φυλετικών διακρίσεων (αφρικάανς apatheid= φυλετικός διαχωρισμός) και του συστημικού διαχωρισμού της λευκής μειονότητας από τον υπόλοιπο γηγενή, κυρίως, και όχι λευκό, πληθυσμό, δεν εφαρμόστηκε μόνο στη Νότια Αφρική, όπου από το 1911 ο μαύρος πληθυσμός είχε δια νόμου χαμηλότερους μισθούς από τους λευκούς και απαγορευόταν να έχει ιδιοκτησία, αλλά και σε άλλες ηπείρους, με θύματα πάντα τους αυτόχθονες.

Ο ρατσισμός, ουσιαστικά, δουλεύει καθιερώνοντας λιγότερους διεκδικητές στην διαδικασία απόκτησης πλούτου, έχοντας αφαιρέσει, δια της «εις άτοπον απαγωγής» λόγω φυλετικών ή άλλων διακρίσεων, το δικαίωμα της διεκδίκησης σε άλλες μερίδες πληθυσμού. Έτσι ο πλούτος και η εξουσία μπορούν να μοιραστούν σε λιγότερα χέρια, και τα μονοπώλια να έχουν πια ιδεολογικό άλλοθι.

Στη συνέχεια, η όμοια αντίδραση στην δράση του ρατσισμού, που λέγεται «reverse racism», τοποθετεί τα θεμέλια για εμφυλιοπολεμικές συρράξεις στις μάζες και έτσι αποκλείονται κι άλλες ομάδες πληθυσμού από την διεκδίκηση.

Ο ρατσισμός δουλεύει επίσης, ως αποπροσανατολιστική σκέψη, στην συμμετοχή για την ανάδειξη πολιτικής εξουσίας, με αποτέλεσμα να ευνοούνται τα πολιτικά σχήματα, που φαίνονται, αλλά δεν έχουν, ως πραγματικό στόχο την βελτίωση της ζωής του ανθρώπου.

Για αυτό και οι μέχρι σήμερα προσπάθειες καταστολής του δεν είναι ουσιαστικές, αλλά επιφανειακές , με στόχο την χειραγώγηση των μαζών και με αποτέλεσμα να καταλήγουν αρτηριακά επικίνδυνες. Βλέπε ΗΠΑ, με την εκλογή μαύρου στο αξίωμα του Προέδρου των Ηνωμένων Πολιτειών, σε αντιδιαστολή με τα ρατσιστικά επεισόδια σε περιοχές με υπερισχύοντα μαύρο πληθυσμό, νομοκρατούμενες από λευκούς ρατσιστές.

Για αυτό και ενώ οι σχέσεις ανάμεσα στα έθνη γίνονται πιο στενές και η συγκρότηση υπερεθνικών κοινοτήτων, της Ευρωπαϊκής Ένωσης, δηλώνουν τη συμφιλίωση των λαών ή τουλάχιστον, τη συνεργασία τους, παρουσιάζεται να εντείνεται το φαινόμενο του ρατσισμού ακόμη και στην Ευρώπη.

Ο ρατσισμός αποτελεί ένα άψογο εργαλείο στα χέρια του κεφαλαίου, προκειμένου να διατηρεί την μαζικότητα στην κατανάλωση χρήματος και ταυτόχρονα να ασκεί το διαίρει και βασίλευε, ενεργοποιώντας τα κατώτερα ένστικτα των λαών.

Πολλές φορές δε, οι μεγαλύτεροι φαινομενικά αντιρατσιστές υποκινούν και συντηρούν υπόγεια το μεγαλύτερο ρατσισμό στην ιστορία του ανθρώπινου γένους, τον οικονομικό ρατσισμό, την κατανομή των ανθρώπων σε πρώτης, δεύτερης και τρίτης ταχύτητας πολίτες, ανάλογα με τα εισοδηματικά τους κριτήρια και τα κράτη σε πρώτης, δεύτερης και τρίτης ταχύτητας κράτη, ανάλογα με την οικονομική τους δυνατότητα να επιβάλλονται στα υπόλοιπα.

Αρμέγονται δηλαδή τα έθνη «πολυεθνικά», ενώ ιεραρχούνται με βάση τη ράτσα τους, όταν πρόκειται να διεκδικήσουν τα νόμιμα οικονομικά τους δικαιώματα… Είναι γνωστή όμως η λαική ρήση: «Όποιος σπέρνει ανέμους θερίζει θύελλες…»

120

ΑΡΘΡΟ 37 – ΠΡΩΤΗ ΔΗΜΟΣΙΕΥΣΗ 8/9/2014

ΚΡΑΤΙΚΗ ΤΡΟΜΟΚΡΑΤΙΑ VS ΙΔΙΩΤΙΚΗ ΤΡΟΜΟΚΡΑΤΙΑ

Και ενώ συνεχίζονται τα αποτρόπαια εγκλήματα των τζιχαντιστών του Ισλαμικού Χαλιφάτου στο Ιράκ και τη Συρία και οι αποκεφαλισμοί αμερικανών δημοσιογράφων διαδέχονται ο ένας των άλλον, μετά τον Τζέιμς Φόλει ακολούθησε ο Στίβεν Σότλοφ, η κυβέρνηση των ΗΠΑ συνεχίζει να ακολουθεί την επεκτατική της πολιτική, προκειμένου να στηρίξει την παρακμάζουσα αμερικάνικη οικονομία.

Οι ανθρωποθυσίες δεν έχουν όρια και ο κανιβαλισμός απέναντι στον κανιβαλισμό στιγματίζει τη σύγχρονη ιστορία.

Η υπόθεση όμως αυτή έχει μεγαλύτερο βάθος ιστορικά και εκτείνεται από την περίοδο που φανατικές ισλαμιστικές ομάδες εκπαιδεύονταν στις ΗΠΑ, προκειμένου να χτυπηθεί το Αφγανιστάν, την περίοδο της Λαϊκής Δημοκρατίας, το 1979.

Πιο συγκεκριμένα, μουτζαχεντίν – τρομοκράτες τύπου Οσάμα Μπιν Λάντεν εκπαιδεύονταν και εξοπλίζονταν, με αμερικανοβρετανική χρηματοδότηση. Τότε είναι που συστήνεται και η οργάνωση της «Αλ- Κάιντα».

Ο ίδιος ο Πρόεδρος δε των ΗΠΑ , Τζ. Μπους , έρχεται να παραδεχθεί αργότερα, τις στενές σχέσεις της CIA με την «Αλ-Κάιντα».

Οι ιμπεριαλιστικές επεμβάσεις στο Αφγανιστάν το 2001 και στο Ιράκ το 2003, με στόχο τον έλεγχο σημαντικών ενεργειακών πόρων και με πρόσχημα την αντιμετώπιση της τρομοκρατίας, και

121

την «αποκατάσταση της δημοκρατίας», αποτυπώνουν την στρατηγική του «διαίρει και βασίλευε .

Το ίδιο έδειξαν και οι μετέπειτα εξελίξεις στη Συρία, που λειτούργησαν ως προθάλαμος για την επέμβαση στο Ιράκ. Οι μεγάλες δυνάμεις, όπως οι ΗΠΑ , η Βρετανία και η Γαλλία, σε συνεργασία με τα Αραβικά κράτη του Κόλπου, αξιοποίησαν κατάλληλα τις ισλαμιστικές οργανώσεις, που οι ίδιοι είχαν χρηματοδοτήσει, προκειμένου να εισβάλλουν στη Συρία.

Το «Μέτωπο Αλ Νούσρα» αποτελεί μία από αυτές τις ισλαμιστικές οργανώσεις, από τις οποίες προέκυψε το «Ισλαμικό Κράτος του Ιρακ και του Λεβάντε» και αργότερα «Ισλαμικό Κράτος».

Γι' αυτό και οι Τζιχαντιστές σήμερα στρέφονται κατά της Βρετανίας και απειλούν με αποκεφαλισμό Βρετανού ομήρου, αυτή τη φορά. Γι αυτό η Γαλλία κρατά αυτή την στάση, απέναντι στα δεινά του υπόλοιπου κόσμου. Αξίζει να σημειωθεί ,ότι ΗΠΑ και Βρετανία, πέρα από τα πετρέλαια, διοχέτευαν και διοχετεύουν όλα τα προιόντα της πολεμικής τους βιομηχανίας σε αυτές τις χώρες , η δε Γαλλία προσέβλεπε πάντα και αυτή στα πετρέλαια αυτών των περιοχών.

Σήμερα οι Ηνωμένες Πολιτείες, ενώ βρίσκονται σε αμηχανία, καθώς αντιλαμβάνονται ότι το «Ισλαμικό Κράτος» αποτελεί μεγαλύτερη απειλή από την «Αλ-Κάιντα», ψάχνουν για την έγκριση του αμερικάνικου λαού δια μέσου των αντιπροσώπων του στο αμερικάνικο κογκρέσο, για ευρεία στρατιωτική επέμβαση σε Ιράκ και Συρία. Να σημειωθεί, ότι ήδη οι Αμερικάνοι έχουν καταφύγει σε αεροπορικές επιδρομές στο Ιράκ, ενώ η τελευταία φορά που η Αμερικανική κυβέρνηση πήρε την άδεια του κογκρέσο για μια μεγάλης κλίμακας στρατιωτική επέμβαση ήταν το 2002, εναντίον του Σαντάμ Χουσείν.

Αποτελούν δε, άξια γέλιου, το γεγονός ότι οι ΗΠΑ σε συνεργασία με τα Αραβικά κράτη του Κόλπου, είχαν αρχικά στηρίξει του αντικαθεστωτικούς στη Συρία, αυτούς δηλαδή που αποτελούν σήμερα τον κύριο κορμό του «Ισλαμικού Κράτους», καθώς και η δήλωση του ΓΓ Άμυνας, Τσάκ Χέιγκελ , ότι οι τρομοκράτες του Ισλαμικού Κράτους είναι τόσο καλά οργανωμένοι και **χρηματοδοτημένοι,** που πρέπει η αμερικάνικη κυβέρνηση να είναι προετοιμασμένη για όλα !!!

Σήμερα προωθούνται ειδικές επικοινωνιακές καμπάνιες στα media, που έχουν υιοθετήσει το «Δόγμα του Σοκ» , για παράδειγμα ότι αν δεν αντιμετωπισθεί το Ισλαμικό Κράτος θα εξαπλωθεί παντού και θα χτυπήσει και σε άλλες χώρες εντός και εκτός Ευρωπαικής Ένωσης , προκειμένου να αποκτήσουν την συγκατάθεση της διεθνούς κοινής γνώμης και έτσι να νομιμοποιηθούν οι στρατιωτικές επεμβάσεις των ΗΠΑ και των ευγενών τους συμμάχων με ομοειδή συμφέροντα....

Σε ένα το πολύ δύο μήνες οι Τζιχαντιστές θα έχουν ετοιμαστεί κατάλληλα και θα είναι σε θέση να μπορούν να αρχίσουν επιχειρήσεις τρομοκρατικών επιθέσεων σε στόχους σε ευρωπαϊκό έδαφος, αποκάλυψε ο βασιλιάς της Σαουδικής Αραβίας, Αμπντουλάχ Μπεν Αμπντουλαζίζ, σε δηλώσεις που δημοσιεύτηκαν ακόμη και σε τουρκική εφημερίδα.

Και εμείς πανηγυρίζουμε που πιάσαμε τον «αρχιτρομοκράτη» , που ευαγγελίζεται την «ιδιωτική τρομοκρατία», ενώ σε άλλα μεγαλύτερα και πιο δυνατά κράτη από εμάς, η τρομοκρατία έχει κρατικό χαρακτήρα, καθώς έχει βαφτισθεί στους κόλπους των μυστικών υπηρεσιών αυτών που μας κυβερνούν διεθνώς.

***Ως «κρατική τρομοκρατία», νόμιμη τρομοκρατία δηλαδή, ορίζεται η «ιμπεριαλιστική τρομοκρατία», ενώ ως «ιδιωτική τρομοκρατία» ορίζεται η οργανωμένη λαική ένοπλη πάλη...

ΑΡΘΡΟ 38 – ΠΡΩΤΗ ΔΗΜΟΣΙΕΥΣΗ 13/9/2014

Η ΣΤΡΟΦΗ ΝΤΡΑΓΚΙ ΚΑΙ Η ΑΡΡΩΣΤΙΑ ΤΗΣ ΛΙΤΟΤΗΤΑΣ

Η αδιέξοδη πολιτική της λιτότητας, που έχει πλήξει ολόκληρη την Ευρωπαική Ένωση αποτελεί γρίφο, που επιδιώκει να λύσει ο πρόεδρος της Ευρωπαικής Κεντρικής Τράπεζας (ΕΚΤ), Μάριο Ντράγκι, μέσα από ένα καινούργιο πρόγραμμα κρατικών ομολόγων ύψους 500 δις ευρώ και με την μείωση των επιτοκίων δανεισμού του ευρώ, από 0,15% στο 0,05 και των επιτοκίων καταθέσεων, από το -0,10% στο -0,20%, έτσι ώστε να αποθαρρύνει τις τράπεζες να συσσωρεύουν κεφάλαια στην ΕΚΤ.

Είναι η ίδια μέθοδος της «ποσοτικής χαλάρωσης» , που ακολούθησαν οι κεντρικές τράπεζες των ΗΠΑ και της Βρετανίας, χρησιμοποιώντας δισεκατομμύρια δολάρια και λίρες, για την αγορά ομολόγων από τις τράπεζες, προκειμένου να τονώσουν τη ζήτηση, χωρίς όμως ουσιαστική βελτίωση.

Η απόφαση αυτή της ΕΚΤ, ουσιαστικά σημαίνει τύπωμα χρήματος για την ενίσχυση της ρευστότητας, τουλάχιστον για τις αγορές οι οποίες αντέδρασαν θριαμβευτικά, με άλματα των δεικτών τους και με το ευρώ να υποχωρεί τάχιστα ακόμα και κάτω από το 1,30 έναντι του δολαρίου, σημαίνει όμως και λήψη δραστικών μέτρων στην προοπτική επιδείνωσης της κρίσης, μια προοπτική αρκετά ορατή μετά το Ρωσικό εμπάργκο, καθώς επίσης και ομολογία αποτυχίας της προηγούμενης πολιτικής που ακολουθούσε η ΕΚΤ.

124

Η ρευστότητα όμως, που θα δημιουργηθεί, δεν έχει καμία σχέση με τις ανάγκες του Ευρωπαίου πολίτη, που αντιμετωπίζει την κακή ποιότητα ζωής, μέσα από τους χαμηλούς μισθούς και συντάξεις, σε αντιδιαστολή με το υψηλό κόστος ζωής, γιατί πολύ απλά η φθηνή ρευστότητα δεν πάει στην ενίσχυση του εισοδήματος για να τονωθεί η κατανάλωση, σε δημοσιονομικές και κοινωνικές επενδύσεις, στην πραγματική οικονομία δηλαδή, αλλά στο να ξελασπώσει τις τράπεζες, από τα τοξικά προιόντα.

Την ίδια στιγμή οι «σοφοί» της Γερμανίας, από την μία βλέπουν με επιφύλαξη την στροφή Ντράγκι, από την άλλη συνεχίζουν το αρρωστημένο παιχνίδι επιβολής της λιτότητας χωρίς αντίκρισμα στις άλλες χώρες, ενώ συσσωρεύουν πλεόνασμα στον προυπολογισμό της χώρας τους, χωρίς να ανακυκλώνουν το χρήμα στις αγορές που έχουν ανάγκη, όπως θα μπορούσαν να κάνουν, διοχετεύοντας το στις χώρες μέλη που αργοπεθαίνουν, μέσω συναλλαγών που θα τόνωναν τους παραγωγικούς τους τομείς.

Μ' αυτά και μ' αυτά είχε φθάσει η ανθρωπότητα στο κατώφλι του Β΄ Παγκοσμίου πόλεμου, με προεξάρχουσα και πάλι τη Γερμανία...

Η ολοκληρωμένη λύση λοιπόν θα δινόταν, εάν πέρα από την στροφή της πολιτικής Ντράγκι, οι ασκούντες την διοίκηση στην Ευρωζώνη, προχωρούσαν βάζοντας ουσιαστικούς στόχους για την αντιμετώπιση της κρίσης, όπως το δραστικό κούρεμα τους χρέους στις χώρες μέλη, που δεν μπορούν να ανταπεξέλθουν στις πιέσεις της νεοφιλεύθερης οικονομικής πολιτικής, καθώς και την προσπάθεια δημιουργίας αναλογικότητας στους μισθούς , συντάξεις και κόστος ζωής, σε όλες τις χώρες μέλη.

Αλλιώς οι χρηματοπιστωτικές ενέσεις στις χώρες, που αδυνατούν ουσιαστικά να παρακολουθήσουν την εξέλιξη του υπόλοιπου κόσμου, θα αποτελούν ντόπινγκ σε αθλητές που είναι έτοιμοι να καταρρεύσουν, γιατί η κακώς εννοούμενη λιτότητα είναι αρρώστια και ως τέτοια θα πρέπει να αντιμετωπίζεται...

ΑΡΘΡΟ 39 – ΠΡΩΤΗ ΔΗΜΟΣΙΕΥΣΗ 13/9/2014

Η ΑΜΦΙΣΒΗΤΗΣΗ ΤΗΣ ΒΡΕΤΑΝΙΚΗΣ ΚΥΡΙΑΡΧΙΑΣ

Μόλις ώρες, πριν από το κρίσιμο δημοψήφισμα στη Σκωτία, που αφορά την ανεξαρτησία περίπου 5,8 εκατ. Σκωτσέζων και που αν επικρατήσει «ΝΑΙ» μέλλει να αλλάξει την ιστορία του Ηνωμένου Βασίλειου, ύστερα από τρεις ολόκληρους αιώνες, καθώς και να επηρεάσει τις εξελίξεις στην Ευρωπαϊκή και την διεθνή πολιτική σκηνή.

Άραγε μπορεί η ανεξαρτητοποίηση της Σκωτίας να αποτελέσει την σταγόνα που θα ξεχειλίσει το ποτήρι για την αποδόμηση της Ευρωπαϊκής Ένωσης;

Πολλοί φοβούνται ότι μία ανεξάρτητη Σκωτία θα σήμαινε και την έξοδο της Βρετανίας από την ΕΕ, κάτι για το οποίο ο πρωθυπουργός Κάμερον έχει δεσμευτεί με τη διεξαγωγή δημοψηφίσματος το 2017.

Η έξοδος της Βρετανίας από την Ευρωπαϊκή Ένωση θα αποδυνάμωνε την έκτη μεγαλύτερη οικονομία στον κόσμο, καθώς και τους διηπειρωτικούς της εταίρους.

Είτε όμως το δημοψήφισμα δείξει το δρόμο της εξόδου για τη Σκωτία, είτε όχι, η διεξαγωγή του έχει ήδη αποτελέσει καίριο χτύπημα στην νεοφιλελεύθερη πολιτική Κάμερον , καθώς και στις λυκοσυμμαχίες των διοικούντων την Ευρωπαϊκή Ένωση και τις πολιτικές λιτότητας που εφαρμόζουν.

Ήδη τα φαινόμενα σήψης της πολιτικής Κάμερον είχαν αρχίσει να καταγράφονται, με την αντίδραση του Βρετανικού λαού στις Ευρωεκλογές τον Μάιο του 2014, που ανέδειξε τον Ευρωσκεπτικισμό, ως μείζονα πολιτικό άξονα, απέναντι στην κεντρική πολιτική της Ευρωζώνης .

Γι αυτό, με τις δημοσκοπήσεις να δείχνουν το «Ναι» ως επικρατέστερο, το Λονδίνο αντικρίζει με τρόμο αυτή την προοπτική, την οποία είναι αναγκασμένο να αποδεχθεί και έχει επιδοθεί **σε μια άνευ προηγουμένου σειρά απειλών και κατατρομοκράτησης του σκωτσέζικου λαού.**

Με τρόμο επίσης, αντιμετωπίζουν αυτήν την προοπτική και οι διοικούντες την Ευρωζώνη, καθώς και οι συμμαχικές τους κυβερνήσεις , όπως η Ελληνική, γι' αυτό και έχουν με την σειρά τους επιδοθεί σε ένα όργιο μιντιακής προπαγάνδας υπέρ του «ΟΧΙ».

Οι διεθνείς εταίροι της Βρετανίας παρακολουθούν τις εξελίξεις με κομμένη την ανάσα, καθώς το ενδεχόμενο διάσπασης μίας από τις μεγάλες δυτικές δυνάμεις δεν αντιμετωπίζεται θετικά στις πρωτεύουσες των μεγάλων δυνάμεων.

Ιδιαίτερα οι ΗΠΑ, αγωνιούν για το κοινό αποτρεπτικό πυρηνικό δόγμα των ΗΠΑ και της Βρετανίας και την αποδυνάμωση της κοινής αμυντικής τους ισχύος, καθώς η Βρετανία αποτελούσε τον παραδοσιακό σύμμαχο των ΗΠΑ στις ιμπεριαλιστικές και οικονομικές τους βλέψεις, σε μια εποχή που οι «BRICS», ένας

128

άλλος διεθνής πολιτικός οργανισμός των κορυφαίων αναδυόμενων αγορών, που αποτελείται από πέντε χώρες: τη Βραζιλία, τη Ρωσία, την Ινδία, τη Λαϊκή Δημοκρατία της Κίνας και τη Νότια Αφρική, κερδίζει ολοένα και περισσότερο έδαφος.

Η Σκωτία παλαιότερα, εκτός μιας σύντομης περιόδου, αποτελούσε ξεχωριστό κράτος. Το 1707, αγγλικές απειλές για πάγωμα του εμπορίου και της ελεύθερης διακίνησης από τα σύνορα Αγγλίας - Σκωτίας, οδήγησαν στην υπογραφή της Ενωτικής Πράξης του 1707, μεταξύ των κυβερνήσεων των δυο κρατών και στη δημιουργία του Βασιλείου της Μεγάλης Βρετανίας.

Το 1998, ιδρύθηκε το Κοινοβούλιο της Σκωτίας, από την κυβέρνηση του Ηνωμένου Βασιλείου. Ο έλεγχος όμως της άμυνας, των συνόρων, της οικονομίας και της φορολογίας παρέμεινε κάτω από τον έλεγχο του Λονδίνου και κατά συνέπεια κάτω από τον έλεγχο της Βασιλείας, εφόσον αρχηγός κράτους στη Σκωτία είναι ο Βρετανός μονάρχης, επί του παρόντος η βασίλισσα Ελισάβετ Β'.

Σήμερα, η τοπική κυβέρνηση της Σκωτίας έχει, ως πρωθυπουργό (Πρώτο Υπουργό), τον Άλεξ Σάλμοντ , με το κόμμα SNP, που βρίσκεται στην τοπική κυβέρνηση από το 2007, ο οποίος είναι και ο επικεφαλής της εθνικής καμπάνιας του «ΝΑΙ» στην Σκωτία.

Παρά την οικονομική αβεβαιότητα που θα χαρακτηρίζει την επόμενη μέρα εάν επικρατήσει το «ΝΑΙ», το SNP θεωρεί πως οι Σκωτσέζοι πρέπει να έχουν απόλυτο έλεγχο των οικονομικών τους ζητημάτων και πως τα κέρδη από το φυσικό αέριο και το πετρέλαιο στη Βόρεια Θάλασσα αρκούν, για να συντηρήσουν σε πρώτη φάση τη νέα αυτόνομη οικονομία της Σκωτίας.

Σε μια εποχή, που η κρίση της λιτότητας δοκιμάζει την κοινωνική ενότητα και τη συνοχή των κρατών, η πολιτική κρίση του μέσου πολίτη γίνεται πιο ώριμη και έτσι η αμφισβήτηση προς την υιοθέτηση ιμπεριαλιστικών πολιτικών αποκτά όλο και περισσότερους θαυμαστές (βλέπε ΗΠΑ, Βρετανία), οι Κυβερνήσεις δεξιές ή σοσιαλιστικές δοκιμάζονται με τεστ αλήθειας απέναντι στους λαούς (βλέπε ΗΠΑ, Βρετανία, Γαλλία, Ισπανία, Ελλάδα), ο θεσμός της Βασιλείας αποδυναμώνεται ακόμη και στις χώρες που αποτελεί συνταγματική παράδοση (βλέπε Ισπανία, Βρετανία), ενώ η παραμονή σε μια οικονομική ή πολιτική ομάδα, που δεν διασφαλίζει την οικονομική και κοινωνική ευημερία των μελών της καθίσταται αδιέξοδη και περισσότερο επικίνδυνη από την αυτονόμηση των μελών....

ΑΡΘΡΟ 40 – ΠΡΩΤΗ ΔΗΜΟΣΙΕΥΣΗ 21/9/2014

Η ΑΜΦΙΣΒΗΤΗΣΗ ΤΟΥ ΘΕΣΜΟΥ ΤΗΣ ΕΝΩΜΕΝΗΣ ΕΥΡΩΠΗΣ

Η έκβαση του δημοψηφίσματος στην Σκωτία παίζει πολύ δευτερεύοντα ρόλο, σε σχέση με την διενέργεια του δημοψηφίσματος, που σηματοδοτεί την αδυναμία των εθνικών κυβερνήσεων να προστατεύσουν τα οικονομικά και κοινωνικά δικαιώματα των λαών τους και να διασφαλίσουν το μέλλον τους, μέσα σε ένα καθεστωτικό περιβάλλον που έχει δημιουργηθεί στα πλαίσια της Ενωμένης Ευρώπης.

Και έτσι η αμφισβήτηση έρχεται να τεθεί απέναντι, συνολικά προς την διοίκηση της Ευρωπαικής Ένωσης, που με πολιτικές κανιβαλιστικής λιτότητας, ακριβώς όπως ορίζουν οι αρχές του νεοφιλελευθερισμού, όχι μόνο δεν προάγει το κοινωνικό συμφέρον των λαών, παρά προάγει τα συμφέροντα των πολυεθνικών και του μεγάλου κεφαλαίου και μάλιστα χωρών που δεν συγκαταλέγονται στο σύμφωνο της Ενωμένης Ευρώπης, αλλά επιχειρεί με αυτό τον τρόπο να εισάγει από τα δυτικά ένα νεωτερικό είδος μοναρχίας, την οικονομική μοναρχία ή ολιγαρχία, όπου οι υπήκοοι θα λογίζονται δημοκρατικοί στο πολίτευμα, αλλά δουλοπάροικοι στη ζωή.

Βρισκόμαστε μπροστά στο κατώφλι μιας ιστορικής ανατροπής του ίδιου του θεσμού της Ενωμένης Ευρώπης , που έχει προκληθεί από την εκούσια αδυναμία των διοικούντων να ακολουθήσουν τις βασικές αρχές που διέπουν το θεσμό, όπως είναι οι αρχές της επικουρικότητας και αναλογικότητας.

Η σημασία και ο γενικός στόχος της αρχής της επικουρικότητας είναι η διασφάλιση ενός βαθμού ανεξαρτησίας σε μια ιεραρχικά κατώτερη αρχή έναντι μιας ανώτερης, και ειδικότερα σε μια τοπική αρχή έναντι της κεντρικής εξουσίας. Αφορά λοιπόν την κατανομή αρμοδιοτήτων μεταξύ των διαφόρων επιπέδων εξουσίας, αρχή που αποτελεί τη θεσμική βάση των κρατών με ομοσπονδιακή δομή.

Εφαρμοζόμενη στο πλαίσιο της Ευρωπαϊκής Ένωσης, η αρχή της επικουρικότητας λειτουργεί, ως κριτήριο που ρυθμίζει την άσκηση των μη αποκλειστικών αρμοδιοτήτων της Ένωσης. Αποκλείει την παρέμβαση της Ένωσης εφόσον ένα ζήτημα μπορεί να ρυθμιστεί αποτελεσματικά από τα κράτη μέλη σε κεντρικό, περιφερειακό ή τοπικό επίπεδο και νομιμοποιεί την Ένωση να ασκήσει τις εξουσίες της, όταν τα κράτη μέλη δεν είναι σε θέση να επιτύχουν τους στόχους μιας σχεδιαζόμενης δράσης κατά τρόπο ικανοποιητικό. Τα κράτη μέλη δέχονται τη μείωση των εξουσιών τους, αν και εφόσον τα συμφέροντά τους εξυπηρετούνται καλύτερα με κοινή δράση, παρά με εθνική δράση.

Εκείνο όμως που προέχει, είναι να εξασφαλίζεται ότι η ευρωπαϊκή νομοθεσία δεν επιβάλλει στις εθνικές, περιφερειακές ή τοπικές αρχές ή την κοινωνία των πολιτών παράλογες, περιττές ή υπερβολικές δυσχέρειες σε συνάρτηση με τον επιδιωκόμενο στόχο, συνθήκη που καταπατάται βάναυσα από την διοίκηση της Ευρωπαϊκής Ένωσης όχι μόνο στην Ελλάδα αλλά στα περισσότερα κράτη μέλη.

Επιπλέον τα ευρωπαϊκά μέτρα θα πρέπει να αφήνουν όσο το δυνατόν μεγαλύτερο πεδίο για εθνικές αποφάσεις, να σέβονται εδραιωμένες εθνικές πρακτικές καθώς και τη λειτουργία της έννομης τάξης των κρατών μελών.

Όταν διαταράσσονται οι εν προκειμένω ψηφισμένες ισορροπίες και οι εθνικές Κυβερνήσεις γίνονται έρμαια του «Κύκλωπα», και η αριστεροφοβία έχει διαχυθεί μαζικά στα εκλογικά σώματα, ο ασκός του Αιόλου επιφυλάσσει μεγάλες εκπλήξεις, όπως την ανάδυση εθνικιστικών και υπερθνικιστικών κομμάτων που διεκδικούν με σοβαρές αξιώσεις την εξουσία και την τρομοκρατία να καταλαμβάνει τον αριστερό πόλο στις χώρες που δεν νομιμοποιείται η αριστερά ως πολιτική δύναμη.

Είναι φυσιολογικό λοιπόν, σε μια διοικητικά ενωμένη επικράτεια, που δεν δίνει απολογισμό στο λαό, τα πεπραγμένα της σε εμπράγματη αξία, παρά τζογάρει σε χώρες εντός και εκτός επικράτειας με ιδιοτελείς σκοπούς που εξυπηρετούν μια φαυλοκρατική ολιγαρχία, να εμφανίζονται φαινόμενα επαναστατικής έκφρασης του λαού, μέσα από διαφορετικές κάθε φορά πρακτικές ανάλογα με την πολιτική και ιστορική κουλτούρα της κάθε περιοχής.

Το φαινόμενο της εσωτερικής απόσχισης χωρών της Ενωμένης Ευρώπης, αλλά και της Ομόσπονδης Αμερικής, έρχεται να προστεθεί, ως σημείο της διατάραξης της πολιτικής και κοινωνικής ευημερίας των κρατών ,σε όφελος των ιμπεριαλιστικών και μονοπωλιακών πολιτικών διαχείρισης της εξουσίας από τα κέντρα άσκησης της Ευρωπαικής , καθώς και της διεθνούς εξουσίας.

Πιο συγκεκριμένα , μετά τη Βρετανία το παιχνίδι άνοιξε και για χώρες όπως η Ισπανία, η Ιταλία, η Γαλλία, το Βέλγιο και η Γερμανία, ενώ στις ΗΠΑ έχει ήδη προειδοποιήσει το Τέξας για πιθανή απόσχιση.

Σύμφωνα με το defencenet.gr :

ΕΥΡΩΠΗ:

-Ισπανία

• Καταλονία. Το σκωτσέζικο μοντέλο είναι ιδιαίτερα προσφιλές στους Καταλανούς αυτονομιστές, που ήδη, παρά τις αντιρρήσεις της Μαδρίτης, έχουν ορίσει δημοψήφισμα για την ανεξαρτητοποίηση της Καταλονίας, το Νοέμβριο.

• Χώρα των Βάσκων. Ο βασκικός εθνικισμός και η γλώσσα είχαν γνωρίσει μεγάλη καταπίεση στα χρόνια της δικτατορίας του Φράνκο. Η χώρα των Βάσκων, όμως βρίσκεται σε πολύ χειρότερη οικονομική κατάσταση από την Καταλονία.

134

-Βέλγιο

- Φλάνδρα. Η Φλάνδρα στα βόρεια του Βελγίου, αποτελεί συνιστώσα του ομόσπονδου Βελγικού κράτους. Στις πρόσφατες κοινοβουλευτικές εκλογές στο Βέλγιο, η νεόκοπη Συμμαχία Φλαμανδών υπό τον Bart de Wever αναδείχθηκε η ισχυρότερη πολιτική δύναμη στη Φλάνδρα.Οι Φλαμανδοί εθνικιστές, αποτελούν μία από τις συνιστώσες του Βελγίου, επειδή υπάρχουν, εκτός από τους ολλανδόφωνους της Φλάνδρας, οι Γαλλόφωνοι της Βαλονίας, οι γερμανόφωνοι και οι δίγλωσσοι των Βρυξελών.

-Ιταλία

- Παδανία. Στη βόρεια Ιταλία το αποσχιστικό κίνημα εμφορείται αποκλειστικά από οικονομικά επιχειρήματα. Ο βορράς με την Αόστη, Λομβαρδία, Πεδεμόντο, Βενετία, Λιγουρία και Εμίλια Ρομάνια, παράγει το μεγαλύτερο μέρος του ιταλικού εθνικού προϊόντος. Εκεί βρίσκονται οι μεγαλύτερες ιταλικές βιομηχανίες και οι τράπεζες.

- Νότιο Τιρόλο. Μετά την οικονομική κρίση που κατέστησε την Ελλάδα και την Ιταλία τις χώρες με το μεγαλύτερο πρόβλημα χρέους στην ευρωζώνη, οι

135

κάτοικοι του Νότιου Τιρόλου, θέλουν πλήρη ανεξαρτητοποίηση από τη Ρώμη.

-Γαλλία

• Κορσική. Το αυτονομιστικό κίνημα FLNC ανακοίνωσε ότι αποκηρύσσει την βία, αλλά θα συνεχίσει τις προσπάθειες απόσχισης από το γαλλικό κράτος. Αν επιτευχθεί αυτονομία στην Κορσική θα ακολουθήσουν η Βρετάνη και η Αλσατία.

-Γερμανία

• Βαυαρία. Αποτελεί, ήδη «χωριστό κρατίδιο», με την ονομασία «Freistaat Bayern», διαθέτει χωριστό Κοινοβούλιο και μοιράζονται την διακυβέρνηση οι Βαυαροί Χριστιανοκοινωνιστές με το Χριστιανοδημοκρατικό κόμμα.

ΗΠΑ:

-Τέξας. Εθνικιστές Τεξανοί που θεωρούν τον εαυτό τους τελείως διαφορετικό, από τους υπόλοιπους Αμερικανούς, ζητούν να ρωτηθεί ο τεξανικός λαός, εάν θέλει να συνεχίσει να βρίσκεται υπό την εξουσία της Ομοσπονδιακής κυβέρνησης στην Ουάσιγκτον, ή να ακολουθήσει τον δικό του δρόμο. Το Τέξας είναι η κορυφαία πετρελαιοπαραγωγός Πολιτεία των ΗΠΑ, όπως επίσης και στην παραγωγή βοειδών, μια πολιτεία που εάν ήταν κράτος θα αποτελούσε την 12η οικονομία στον κόσμο.

Το μήνυμα είναι απλό : ΚΑΜΙΑ ΕΞΟΥΣΙΑ ΔΕΝ ΕΧΕΙ ΜΑΚΡΟΠΡΟΣΘΕΜΟ ΑΝΤΙΚΡΥΣΜΑ ΕΑΝ ΔΕΝ ΕΠΕΝΔΥΕΙ

ΣΤΗΝ   ΚΟΙΝΩΝΙΚΗ-ΟΙΚΟΝΟΜΙΚΗ   ΕΥΗΜΕΡΙΑ   ΚΑΙ
ΣΥΝΟΧΗ ΚΑΘΩΣ ΚΑΙ ΤΗΝ ΑΛΛΗΛΕΓΓΥΗ

ΑΡΘΡΟ 41 – ΠΡΩΤΗ ΔΗΜΟΣΙΕΥΣΗ 27/9/2014

Η «ΚΑΤΑΡΑ» ΤΗΣ ΙΔΙΟΚΤΗΣΙΑΣ

Δεν είναι ο ΕΝΦΙΑ που απειλεί την Ελληνική κοινωνία, είναι η τάση του διεθνούς οικονομικοπολιτικού συστήματος να περιορίσει την ιδιοκτησία στα μικρά και μεσαία στρώματα, ειδικότερα σε χώρες σαν την Ελλάδα, που προαλείφεται για τόπο διεξαγωγής μεγάλων γεωπολιτικών και γεωοικονομικών παιχνιδιών.

Η ιδιοκτησία δημιουργεί απαιτήσεις και διεκδικήσεις για περαιτέρω ανάπτυξη της ζωής του ατόμου. Δίνει ανεξαρτησία και αυτάρκεια, καθώς επίσης και κίνητρο για δυναμική άσκηση των πολιτικών του δικαιωμάτων, όταν αποτελεί προϊόν της εργασίας του, διότι η εργασία αποτελεί τη μόνη θεμιτή πηγή ιδιοκτησίας. Οτιδήποτε κανείς παράγει είναι ιδιοκτησία του και οτιδήποτε πέρα από αυτό όχι.

Και φυσικά οτιδήποτε είναι αποκλειστικό προϊόν της εργασίας κάποιου, δεν συσσωρεύει πλούτο, διότι υπάρχουν συγκεκριμένες μεταβλητές που καθορίζουν την μέση απόδοση του ανθρώπου στην εργασία του, προκειμένου να μην υπάρχουν μεγάλες αποκλίσεις και ανισορροπίες στην κατανομή εισοδήματος, απλά δεν υπάρχει πολιτική ρύθμιση ή οικονομική θεωρία που να επιβάλλει τη ρύθμιση της ιδιοκτησίας με πλαφόν τέτοιο, που οποιοδήποτε πλεόνασμα να ανακατανέμεται σε αγαθά και υπηρεσίες κοινής ωφέλειας.

Θεωρώ ότι «η ιδιοκτησία είναι κλοπή», όπως είπε και ο Προυντόν, αλλά στην περίπτωση που συσσωρεύεται στους λίγους, που εκ των πραγμάτων δεν τους ανήκει, εφόσον είναι αδύνατον να παράγουν με μεγάλες αποκλίσεις από το μέσο άτομο, όσο χαρισματικοί κι αν είναι.

Η αρνητική στάση της αριστεράς, συνολικά κατά της ιδιοκτησίας, αφήνει ανοιχτό το πεδίο στο φιλελευθερισμό και νεοφιλελευθερισμό, να δρουν με πλήρη απορύθμιση της ατομικής ιδιοκτησίας, με αποτέλεσμα την εκμετάλλευση των πολλών από τους λίγους και μάλιστα χωρίς υποχρεώσεις απόδοσης κοινωνικής εισφοράς, εφόσον και πάλι η κοινωνική εισφορά επιβάλλεται στους πολλούς. Από την μία πλευρά δηλαδή έχουμε απορύθμιση στην απόκτηση ιδιοκτησίας και πλούτου, με αποτέλεσμα να δημιουργούνται υπερβολικά πλούσιοι και υπερβολικά φτωχοί και από την άλλη έχουμε ρύθμιση στα μέτρα κοινωνικής εισφοράς , να αποδίδεται από όλους η ίδια κοινωνική εισφορά.

Αυτές οι ανισότητες έχουν βρει γόνιμο έδαφος να αναπτυχθούν, αφού δεν υπάρχει η κατάλληλη αντιμετώπιση με δράσεις που πρακτικά θα τις αποτρέψουν και δεν θα θεωρούν την ιδιοκτησία ως «κατάρα», αλλά ως μία χρήσιμη πραγματικότητα για την διαβίωση του ατόμου, που πρέπει να τελεί όμως υπό ρύθμιση, όταν ξεπερνά τα όρια της χρηστικότητας της προς τον πολίτη. Η ιδιοκτησία λοιπόν είναι θεμιτή, εφόσον διέπεται από κανόνες.

Ο ΕΝΦΙΑ είναι ένας από τους πολλούς κρυφούς και φανερούς φόρους, που εγγυάται την φορολογία των κατοικιών και των ακινήτων της μικρής και μεσαίας τάξης, που στην συντριπτική τους πλειοψηφία αποτελούν το εκλογικό σώμα, προκειμένου οι παραγωγικές ιδιοκτησίες να περάσουν στο μεγάλο κεφάλαιο, οι κατοικίες να κινδυνεύουν, εφόσον είναι αδύνατον τα μικρά και μεσαία εισοδήματα να αντέξουν αυτούς τους φόρους και ο κόσμος να ζει στην ανασφάλεια, να είναι ευάλωτος στην τρομοκρατία του μυαλού και της συνείδησης και να ψηφίζει με αυτά τα κριτήρια για την εκλογή τοπικών ή συλλογικών κυβερνήσεων.

Το ζητούμενο λοιπόν, δεν είναι απλά και μόνο η κατάργησή του ΕΝΦΙΑ, αλλά η παραγωγή νομοθεσίας που θα αποκλείει την οποιαδήποτε φορολόγηση της μικρής ιδιοκτησίας και θα προβλέπει ποσοστιαία φορολόγηση της μεγάλης ιδιοκτησίας, ανάλογα με την χρηστικότητας της προς τον ιδιοκτήτη, αλλά και προς το κοινωνικό σύνολο.

Η ΕΠΑΝΑΣΤΑΣΗ ΤΗΣ ΟΜΠΡΕΛΑΣ

Μέσα σε ένα κλίμα διεθνών γεωπολιτικών και γεωοικονομικών εξελίξεων, που φέρουν την σφραγίδα του πολέμου, οι επαναστάσεις δεν έχουν πια πολιτική ταυτότητα. Οι λαοί έχοντας αποτοξινωθεί από τα πολιτικά μανιφέστα, διεκδικούν καλύτερες και δικαιότερες συνθήκες ζωής, από τους διαχειριστές της εξουσίας.

Οι επαναστάσεις στρέφονται κατά της πολιτικής και οικονομικής εκμετάλλευσης των αποθεμάτων της Δημοκρατίας του κάθε λαού, ενώ οι ιδεολογίες μεταλλάσσονται σε πρακτικές αξιοπρεπούς διαβίωσης του ανθρώπου και αναζητούν στέγη σε καινούργια θεωρήματα, που θα υπηρετούν την βασική έννοια της ζωής και της εξέλιξής της, της αρμονικής συνύπαρξης και της αλληλεγγύης και όχι της σταθεροποίησης των παγκόσμιων χρηματοπιστωτικών αγορών.

Η ζωή καταλήγει «ακατοίκητη», όταν ο άνθρωπος στερείται των βασικών δικαιωμάτων του για αξιοπρεπή διαβίωση, αξιοπρεπή εργασία, ισότιμη συμμετοχή στα κέρδη από τον κόπο του και την εθνική του περιουσία, προκειμένου να εξυπηρετούνται τα συμφέροντα του χρηματοπιστωτικού συστήματος και της εκάστοτε πολιτικής και οικονομικής κάστας που αυτό υπηρετεί.

Το σύστημα του φιλελευθερισμού, που εξελίχθηκε σε νεοφιλελευθερισμό, δεν αλλάζει χροιά, είτε υλοποιείται από κυβερνήσεις συντηρητικές, σοσιαλιστικές ή κομμουνιστικές. Οι διαφορετικές πολιτικές διευθύνσεις έρχονται να πιστοποιήσουν κάθε φορά την εξαπάτηση του λαού, με σκοπό την διαχείριση των προσδοκιών και των ελπίδων του, που μεταφράζονται σε μαζικά κέρδη από την επένδυσή τους στην εργασία του.

Αυτά τα μηνύματα στέλνουν και οι επαναστάσεις στις φαβέλες της Βραζιλίας, αλλά και η «επανάσταση της ομπρέλας» στο Χονγκ Κονγκ , επαρχία της Κίνας.

Η «επανάσταση της ομπρέλας» στο Χονγκ Κονγκ μιας ημιαυτόνομης, αλλά πανίσχυρης οικονομικά περιοχής, πρώην βρετανικής αποικίας, που σήμερα βρίσκεται υπό τον έλεγχο της Κίνας, αποτελεί την διαμαρτυρία του λαού για το δικαίωμα να επιλέγει τον τοπικό του κυβερνήτη και να ασκεί περισσότερο τα κυριαρχικά του δικαιώματα, επί των οικονομικών του πόρων.

Η περιοχή του Χονγκ-Κογκ, αποτελεί ένα από τα σημαντικότερα εμπορικά και μεταφορικά κέντρα, στην περιοχή της Ανατολικής Ασίας. Αυτός είναι ο λόγος που η Κίνα δεν θα επιτρέψει τις αναδυόμενες προσπάθειες εκδημοκρατισμού, που ενδεχομένως να οδηγούσαν σε αυτονομία την περιοχή. Αυτός είναι ο λόγος, που κρύβεται πίσω από την «φιλοδημοκρατική» στάση που επιδεικνύουν οι ΗΠΑ, σε σχέση με τις διαδηλώσεις, την ίδια στιγμή, που δεν επιτρέπουν ουσιαστικά τέτοιου είδους διαδηλώσεις στην δική τους τη χώρα.

Η «επανάσταση της ομπρέλας» παραλληλίζεται με εκείνη στην πλατεία Τιενανμέν πριν από 25 χρόνια. Τόσο τότε, όσο και τώρα, οι διαδηλώσεις οργανώνονται από φοιτητές, που διεκδικούν δημοκρατικές μεταρρυθμίσεις. ενώ αμφισβητούν την αποτελεσματικότητα της πολιτικής, που ακολουθεί η εξουσίας της Κίνας.

Οι πολιτικές αυτοκρατορίες, είτε πρέπει να εξελιχθούν ιστορικά και να εφεύρουν καινούργιους τρόπους, προκειμένου να διαχειρίζονται τους λαούς δημοκρατικά, ή να καταργηθούν εντελώς, όπως καταργήθηκαν και οι προκάτοχοί τους.

ΑΡΘΡΟ 43 – ΠΡΩΤΗ ΔΗΜΟΣΙΕΥΣΗ 12/10/2014

Η ΕΚΛΟΓΗ ΤΟΥ ΠΡΟΕΔΡΟΥ ΤΗΣ ΔΗΜΟΚΡΑΤΙΑΣ

Η εκλογή Προέδρου της Δημοκρατίας αφορά μια διαδικασία, που οφείλει να διασφαλίζει τη Δημοκρατία μας, εφόσον ο Πρόεδρος της Δημοκρατίας δεν είναι απλά ένα πρόσωπο, αλλά συμβολίζει τα πολιτικά κεκτημένα του έθνους.

Η εκλογή του νέου Προέδρου της Δημοκρατίας, πρέπει να έχει ολοκληρωθεί το πολύ μέχρι τις 12 Φεβρουαρίου του 2015. Η διαδικασία περιλαμβάνει τρεις ψηφοφορίες, στη Βουλή. Στην πρώτη απαιτείται η πλειοψηφία 200 βουλευτών. Αν αυτό δεν καταστεί εφικτό, η ψηφοφορία επαναλαμβάνεται εντός πέντε ημερών με το ίδιο μέτρο, των 200 βουλευτών. Αν και σε αυτήν την ψηφοφορία δεν επιτευχθεί το μέτρο, εντός πάλι πέντε ημερών επαναλαμβάνεται και αυτήν τη φορά το όριο πέφτει την πλειοψηφία των 180 βουλευτών. Αν και πάλι δεν καταστεί δυνατή η εκλογή, τότε διαλύεται η Βουλή, προκηρύσσονται εκλογές και η επόμενη Βουλή που θα συγκροτηθεί, μπορεί να εκλέξει τον ίδιο ή άλλο Πρόεδρο Δημοκρατίας, με την απόλυτη πλειοψηφία του Σώματος, δηλαδή με 151 βουλευτές.

Οι ισχύοντες πολιτικοί συσχετισμοί έχουν ως εξής:

-Οι δύο πολιτικές παρατάξεις ΝΔ (125) και ΠΑΣΟΚ (27), που αποτελούν πια ενιαία κυβερνητική ομάδα, αριθμούν 152 βουλευτές + 3 ανεξάρτητους, μετά την ψήφο εμπιστοσύνης που έλαβαν στην βουλή με 155 βουλευτές.
-Η παράταξη του ΣΥΡΙΖΑ που απαριθμεί 71 βουλευτές.
-Η παράταξη της Χρυσής Αυγής με 16 βουλευτές.
-Η παράταξη του ΚΚΕ με 12 βουλευτές.
-Η παράταξη της ΔΗΜΑΡ με 13 βουλευτές.
-Η παράταξη της ΑΝΕΛ με 12 βουλευτές.
-21 ανεξάρτητοι βουλευτές.

Οι κατάλληλοι συσχετισμοί όμως, για την εκλογή του Προέδρου της Δημοκρατίας, το πιο πιθανό είναι να μην επιτευχθούν, εφόσον από τους 155 βουλευτές υπολείπονται ακόμη 25 για να φθάσουν το στόχο των 180, που απαιτούνται για να εκλεγεί τελικά ΠτΔ.

Η αμέσως επόμενη κίνηση, σύμφωνα με το Σύνταγμα, είναι η διενέργεια Βουλευτικών εκλογών, έτσι ώστε να διασφαλισθεί η τυπική, αλλά και ηθική νομιμότητα της εκλογής του Προέδρου της Δημοκρατίας.

Η μη επίτευξη της συγκέντρωσης των 180 ψήφων, που αποτελεί και το τελευταίο στάδιο εκλογής του ΠτΔ, από αυτή τη Βουλή, σηματοδοτεί την ανεπάρκεια της ισχύουσας βουλής να εκπροσωπεί τον λαό και να αποφασίζει για αυτόν. Γι' αυτό ο σοφός νομοθέτης παραπέμπει σε κοινοβουλευτικές εκλογές, προκειμένου να νομιμοποιηθούν καινούργιες πολιτικές, που θα απηχούν τη λαϊκή βούληση.

Ο ρόλος του ΠτΔ δεν είναι διακοσμητικός και στόχο δεν έχει να επικυρώνει τις αποφάσεις των Κυβερνόντων, αλλά να επικυρώνει την καθημερινή άσκηση της Δημοκρατίας, απέναντι στο λαό.

Ειδικά σε καιρούς, που η χώρα ταλανίζεται από οικονομική, ηθική και πολιτική κρίση, απαιτούνται συναινέσεις, που δεν θα εκβιάζουν το λαό να αντέχει δογματικές πολιτικές, οι οποίες οδηγούν σε αδιέξοδα, αλλά συναινέσεις, που εκπέμπουν την φωνή του, τις ανάγκες του και θα τον οδηγούν στην ευημερία. Οποιαδήποτε διαφορετική προσέγγιση θεωρείται καταστρατήγιση της Δημοκρατίας

Ο θεσμός του ΠτΔ δεν αποτελεί εργαλείο στα χέρια του συστήματος, αλλά ελεγκτική αρχή στο σύστημα. Ο ίδιος δε ο Πρόεδρος της Δημοκρατίας, οφείλει να τιμά το θεσμό , ακολουθώντας πιστά τις αρχές που τον διέπουν, διαφορετικά αποκτά πραξικοπηματικό χαρακτήρα εναντίον του λαού. Γι αυτό και η επιλογή του όποιου υποψήφιου για ΠτΔ, πρέπει να αποτελεί προιόν πολιτικής πράξης, που θα εκφράζει το λαό και όχι προιόν επιβίωσης του πολιτικού οπαδισμού.

Εάν λοιπόν, οι κοινοβουλευτικές εκλογές αποτελούν προυπόθεση, για την διασφάλιση της απαράβατης συνθήκης συμπόρευσης με το λαό, τότε αυτές θα πρέπει να καθίστανται απαιτητές, από όλες τις πολιτικές παρατάξεις στην αρχή του πολιτικού διαλόγου και όχι στο τέλος του.

ΑΡΘΡΟ 44 – ΠΡΩΤΗ ΔΗΜΟΣΙΕΥΣΗ 18/10/2014

Η ΚΡΙΣΗ ΣΤΗΝ ΟΙΚΟΝΟΜΙΑ ΚΑΙ ΤΗΝ ΠΟΛΙΤΙΚΗ

Η Ελληνική κρίση, ουσιαστικά, αποτελεί μια κρίση των θεσμών της Ενωμένης Ευρώπης, καθώς και του ευρώ. Οι οικονομικές εξελίξεις στις διεθνείς αγορές έπληξαν τον πυρήνα του ευρώ και οδήγησαν σε κρίση τις στρατηγικές εξουσίας, που παρήγαγαν το ευρώ των δύο και τριών ταχυτήτων.

Η συμβίωση χωρών με διαφορετικά επίπεδα ανάπτυξης, διαφορετικό κόστος ζωής και διαφορετικά εισοδήματα, οδηγεί εκ των πραγμάτων σε πολύ διαφορετικούς ρυθμούς μεγέθυνσης της κάθε τοπικής οικονομίας, με αποτέλεσμα οι φθίνουσες οικονομίες να μην μπορούν να παρακολουθήσουν την εξέλιξη των υπόλοιπων και αυτό αποτελεί τη μεγαλύτερη αδυναμία στην λειτουργία του θεσμού της Ενωμένης Ευρώπης.

Μια ενοποίηση κρατών, είτε πρέπει να έχει ομοσπονδιακό χαρακτήρα, ή να υπακούει σε ένα πιο εξελιγμένο μοντέλο, που θα επιτρέπει την αυτονομία των μελών με εθνικές εξουσίες, αλλά με ενιαίο σύνταγμα και ενιαία οικονομία.

Μια τέτοια επεξεργασία του θεσμού της Ενωμένης Ευρώπης, θα μπορούσε να περιορίσει τα χάσματα και τις κακές διαφορετικότητες ανάμεσα στον τρόπο ζωής των λαών και να διασφαλίσει το δικαίωμα για ίση κοινωνική μεταχείριση, ίση κοινωνική ευθύνη.

Πιο συγκεκριμένα, το κόστος ζωής, οι ασφαλιστικές και κοινωνικές παροχές καθώς και οι μισθοί και οι συντάξεις στην Γερμανία, στην Ολλανδία ή γενικότερα στην βόρεια Ευρώπη, έχουν τελείως διαφορετική μαθηματική αξία, από ότι στην Ελλάδα ή την Πορτογαλία.

Για παράδειγμα:

- ο βασικός μισθός στην Γερμανία (1400 ευρώ/μήνα), είναι περίπου τριπλάσιος, από ότι στην Ελλάδα (586 ευρώ/μήνα).
-η κατώτατη σύνταξη στη Γερμανία φθάνει τα 688 ευρώ το μήνα, ενώ στην Ελλάδα η κατώτατη σύνταξη φθάνει τα 486 ευρώ και αναμένεται να μειωθεί στα 392 ευρώ το 2015.
-το κόστος ζωής τείνει να είναι αν όχι μικρότερο, τουλάχιστον ίσο της Βόρειας με της Νότιας Ευρωζώνης, διότι τα προιόντα στο Ευρωπαικό Βορρά πωλούνται φθηνότερα με την μέθοδο της επαναξαγωγής (αγοράζονται πολύ φθηνά από το Νότο και επαναξάγωνται αλλού) , οι κοινωνικές παροχές είναι αδιαπραγμάτευτα μεγαλύτερες και καλύπτουν πλήρως το μέσο πολίτη, ενώ η ανεργία, λόγω της πλεονασματικής οικονομίας, δεν αποτελεί πρόβλημα στο Βορά σε αντίθεση με το Νότο.

Όλα αυτά σημαίνουν ελάχιστη συρρίκνωση της καταναλωτικής δύναμης και δυνατή ανακύκλωση του χρήματος στην οικονομία των Βόρειων χωρών. Τα επιτόκια δανεισμού καθίστανται τουλάχιστον πιο προσιτά και ευνοούν περισσότερο την επιχειρηματικότητα και κατά συνέπεια την ανάπτυξη, σε αντίθεση με το Νότο.

Οι εισαγωγές των προϊόντων είναι εκείνες που ρυθμίζουν τις τιμές των προϊόντων στις αγορές, είναι εκείνες, που όταν υπερέχουν των εξαγωγών, δημιουργούν το εμπορικό έλλειμμα, είναι εκείνες που εν μέρει προκάλεσαν την κρίση. Κι αυτές όμως είναι υποκείμενο του ρυθμού ανάπτυξης των παραγωγικών τομέων μιας χώρας.

Άρα η λύση κρύβεται στην προώθηση των ρυθμών ανάπτυξης ελλειμματικών οικονομιών, όπως η Ελλάδα και αυτό θα συμβεί με την ενίσχυση των παραγωγικών της κλάδων και των μικρομεσαίων επιχειρήσεων, που αποτελούν την ραχοκοκαλιά της Ελληνικής οικονομίας. Έτσι θα μειωθούν οι εισαγωγές, έτσι θα αυξηθούν οι μισθοί, έτσι θα μειωθεί η ανεργία.

Οι μέθοδοι προώθησης συνίστανται, σε διακρατικές συμφωνίες επένδυσης των πλεονασμάτων των εύρωστων χωρών, στην απορρόφηση των προϊόντων και υπηρεσιών των παραγωγικών τομέων των ελλειμματικών χωρών (όπως για παράδειγμα τα αγροτικά προϊόντα, έτσι ώστε να μην εξαρτώνται από οποιοδήποτε εμπάργκο από άλλες αγορές, όπως συνέβηκε με την Ρωσία), σε Ευρωπαϊκά προγράμματα που θα συνάδουν με την δομή της μικρομεσαίας επιχείρησης (όχι με την λογική των 250 εργαζομένων και του τζίρου των 50 εκ./έτος), στην προνομιακή τους φορολόγηση, σε κίνητρα αγοράς εργασίας και στην βελτίωση του χρηματοπιστωτικού συστήματος να προάγει την ρευστότητα των επιχειρήσεων και όχι να συσσωρεύει κεφάλαιο.

Η λύση στο πρόβλημα λοιπόν, είναι να προβεί η Ευρωπαϊκή Ένωση στην μετατροπή της αδυναμίας, σε ευκαιρία ανάδειξης και υποστήριξης των κατά τόπους ελλειμματικών οικονομιών, έτσι ώστε τόσο η Ενωμένη Ευρώπη όσο και η συναλλαγματική αρχή το ευρώ, να έχουν μαθηματικά μετρήσιμο αποτέλεσμα και για τις υπόλοιπες χώρες μέλη.

Έτσι θα μετατραπεί η κρίση από ιδεολογική σε πρακτική, και κατά συνέπεια διαχειρίσιμη, αλλιώς το οικοδόμημα της Ενωμένης Ευρώπης θα καταρρεύσει προοπτικά, διότι τα υπόλοιπα μέλη της οικογένειας του συστήματος, δεν θα μπορούν να ανταποκριθούν στην πελατειακή σχέση, που έχουν αναπτύξει μεταξύ τους.

Ήδη τα πρώτα μηνύματα άρχισαν να έρχονται στην Γερμανία, με τις εξαγωγές της να μειώνονται δραματικά. Ο βασικός τομέας,

146

που η Γερμανία διέπρεψε, ήταν οι εξαγωγές της, που κατευθύνονταν κυρίαρχα στις χώρες της Ευρωζώνης και σε αυτές στηρίζεται το πλεονασματικό ισοζύγιο πληρωμών της.

Σχετικά με την επίδραση της κρίσης στην πολιτική τώρα, αυτό που μπορούμε να παρατηρήσουμε, είναι την ολίσθηση της πολιτικής, διότι έφθασε η πολιτική να υπηρετεί την οικονομία, ενώ θα έπρεπε να ισχύει το αντίστροφο. Εκεί, εστιάζεται και η ένσταση, όσων τεχνοκρατών αντιτίθενται στο φιλελευθερισμό και νεοφιλελευθερισμό, μεταξύ των οποίων και εγώ.

Οι πολιτικοί ενώ προσπαθούσαν να ισοσκελίσουν τα λογιστικά βιβλία του δημοσίου, διαλαλώντας την αδυναμία των κρατικών ταμείων να αντέξουν κοινωνικές παροχές σε συντάξεις, στην παιδεία, στη υγεία, βρέθηκαν ξαφνικά να τροφοδοτούν με δεκάδες δισεκατομμύρια το τραπεζικό σύστημα.

Έτσι οι κυβερνήσεις παγκοσμίως δανειζόντουσαν τεράστια ποσά χρημάτων, όχι για να καλύψουν τις εσωτερικές κοινωνικές τους ανάγκες, αλλά για υποστηρίζουν το οικοδόμημα του χρηματοπιστωτικού συστήματος, με αποτέλεσμα να καθιστούν τις χώρες τους υπερδανεισμένες, και να αδυνατούν να αποπληρώσουν τα χρέη τους, που κατέληγαν πάντα σε βάρος του φορολογούμενου πολίτη.

Συγκεκριμένα στην Ευρώπη, αυτή η τακτική οδήγησε στον κατακερματισμό της μικρής και μεσαίας τάξης, της τάξης, που αποτελεί το μεγαλύτερο μέρος του εκλογικού σώματος της Ευρώπης και την δημιουργία μιας καινούργιας τάξης των νεόπτωχων, που το 2012 έφθασε σύμφωνα με την Eurostat-People at risk of poverty το 24,8%, 124,5 εκ. δηλαδή, στα 507 εκ. του συνολικού πληθυσμού της Ευρώπης. Το αποτέλεσμα ήταν η ανάδυση υπερθνικιστικών κομμάτων, του ευρωσκεπτικισμού, όπως διαφάνηκε από τις πρόσφατες ευρωεκλογές και της ανάγκης απόσχισης περιοχών, από τις κατά τόπους εθνικές κυβερνήσεις.

Η Ενωμένη Ευρώπη, προκειμένου να παραμείνει ενωμένη, θα πρέπει να υιοθετήσει πολιτικές που να συνδράμουν στην δημιουργία προτύπων ανάπτυξης, με στόχο την αναβάθμιση των

147

παραγωγικών, ποιοτικών, δημοκρατικών και αλληλέγγυων λειτουργιών στην κάθε οικονομία και κοινωνία μέσα από συντονισμένες μελέτες, όπου η οικονομία θα λειτουργεί απολογιστικά προς την πολιτική και όχι το αντίθετο.

Εισήγηση : Παναγιώτα Μπλέτα στα πλαίσια του 1^{ου} Πανελλήνιου Διεπιστημονικού Συνεδρίου «Κρίση & Καθημερινότητα στη Σύγχρονη Ελλάδα» - Aegean College

ΑΡΘΡΟ 45– ΠΡΩΤΗ ΔΗΜΟΣΙΕΥΣΗ 22/10/2014

ΓΕΡΜΑΝΙΚΕΣ ΑΠΟΖΗΜΙΩΣΕΙΣ

Τί είναι οι γερμανικές αποζημιώσεις;

Οι γερμανικές αποζημιώσεις, είναι οι επανορθώσεις, που οφείλει να κάνει η Γερμανία, απέναντι στον Ελληνικό λαό, σύμφωνα με το Διεθνές Δίκαιο, για τις δολοφονίες των Ναζί, κατά το Β' Παγκόσμιο Πόλεμο, την ολοσχερή καταστροφή των υποδομών, την αρπαγή του εθνικού και πολιτιστικού μας πλούτου και το Κατοχικό Δάνειο, που μας ανάγκασε να συνάψουμε.

Τι είναι το Κατοχικό Δάνειο ;

Το 1942, σύμφωνα με το νόμο 1586/1942 της κατοχικής κυβέρ-νησης Τσολάκογλου, η Ελλάδα έπρεπε να αποζημιώσει τους Γερμανούς υπήκοους, για τις «ζημιές» που προκλήθηκαν στις πολεμικές τους επιχειρήσεις, επί του ελληνικού εδάφους!!! Ενώ δηλαδή, ο Ελληνικός λαός λιμοκτονούσε εξαιτίας της Γερμανικής Κατοχής, η κατοχική Κυβέρνηση πλήρωνε τους δήμιους του...

Για να αποπληρωθούν αυτές οι παρανοικές απαιτήσεις, η Ελλάδα σύναψε δάνειο με τη Διεθνή Τράπεζα, το οποίο θα έπρεπε να αποπληρωθεί όχι σε δραχμές, που πλέον λόγω του τερατώδους πληθωρισμού, είχαν χάσει την αξία τους, αλλά σε σταθερό νόμισμα (τον Νοέμβριο του 1944 μια νέα δραχμή ισοδυναμούσε με 50 δισ. παλαιών δραχμών).

Από το 1824 μέχρι το 1932, η Ελλάδα είχε δανειστεί από το εξωτερικό 2,2 δισ. Χρυσά φράγκα. Μέχρι τότε είχαμε καταβάλει, μόνο για τόκους και χρεωλύσια, 2,383 δισ. Φράγκα. Μετά το

1932 σταματήσαμε τον εξωτερικό δανεισμό. Η κατοχή όμως,

μας οδήγησε και πάλι στη Διεθνή Τράπεζα, η οποία έθεσε όρο τον

διακανονισμό των προηγούμενων προπολεμικών μας χρεών.

Δηλαδή, θα μας έδινε δάνειο για να ξεπληρώσουμε και πάλι τις

τοκοχρεωλυτικές δόσεις των προπολεμικών μας δανείων, που ήδη

είχαμε ξεπληρώσει και με το παραπάνω.

Το 1962, υπό την πίεση των «Μεγάλων Δυνάμεων», η Ελλάδα

αναγνώρισε τα ύψος των προπολεμικών της δανείων, σε 232

εκατ. δολάρια, ενώ αντίστοιχα το Κατοχικό Δάνειο, που μας

χρωστούσε η Γερμανία, ανερχόταν μαζί με τους τόκους σε 398

εκατ. δολάρια.

Στην ίδια μοίρα πάλι σήμερα, παρατηρούμε την ιστορία να

επαναλαμβάνεται, τα διεθνή ταμεία απλά να αλλάζουν όνομα και

να μεταμορφώνονται από Διεθνή Τράπεζα σε Διεθνές

Νομισματικό Ταμείο (ΔΝΤ) και Ευρωπαϊκή Κεντρική Τράπεζα

(ΕΚΤ), τις «μεγάλες δυνάμεις» να παίζουν άνισα παιχνίδια σε

βάρος των λαών και τους λαούς να συνεχίζουν να παραμένουν

έρμαια της ίδιας ουσιαστικά οικονομικής λαίλαπας, που μαστίζει

τον πλανήτη.

Το 1946 ο τότε πρωθυπουργός της Ελλάδας Κ. Τσαλδάρης

διατύπωνε «την βαθυτάτην απογοήτευσιν και αηδίαν του ελληνικού λαού δια την κακομεταχείρισιν της Ελλάδος υπό των συμμάχων της»...

Οι Γερμανικές αποζημιώσεις συνολικά, συμπεριλαμβανομένου και του Κατοχικού Δανείου, σύμφωνα με οικονομική εκτίμηση των στελεχών της Τράπεζας της Ελλάδας (Απρίλιος 2014), σε δολάρια και έχοντας αφαιρέσει την πληθωριστική αξία της δραχμής, φτάνουν τα 258 εκατομμύρια δολάρια, σε τιμές Νοεμβρίου του 1941.

Η «Επανενωμένη Δημοκρατική Γερμανία», πλην του αριστερού κόμματος «Die Linke», που θεωρεί ότι η Γερμανία οφείλει να καταβάλει τις παλιές αποζημιώσεις και το κατοχικό δάνειο στην Ελλάδα, όπως έκανε στην Βουλγαρία και την Ιταλία, δεν αναγνωρίζει τις αποζημιώσεις. Η συλλογιστική είναι, ότι τι η ναζιστική Γερμανία, που λεηλάτησε και καταδίκασε την Ελλάδα στην υποανάπτυξη, έχει απολειστικά την ευθύνη.

Το 1991 όμως, μετά τον πόλεμο του Κόλπου, η ίδια Γερμανία η «Δημοκρατική» , πρωτοστάτησε στον ΟΗΕ, για να υποχρεώσει το Ιράκ να καταβάλει αποζημιώσεις σε κράτη, ιδιώτες και εταιρίες, εκ των οποίων αρκετές Γερμανικές. Ίσως γιατί εκεί διακυβεύεται η μοίρα του πετρελαίου...

Από Ελληνικής πλευράς τώρα, σύμφωνα με τον πρέσβη επί τιμή, Ιωάννη Μπουρλογιάννη - Τσαγγαρίδη, που κλήθηκε να καταθέσει πρόσφατα, στην αρμόδια επιτροπή της Βουλής, λόγω της θητείας του επί 14 χρόνια στην πρεσβεία της Βόννης, πολλές καθυστερήσεις και αδράνειες παρατηρήθηκαν από τις Ελληνικές Κυβερνήσεις μέχρι το 1990, οι οποίες έπρεπε να είχαν διεκδικήσει τις γερμανικές αποζημιώσεις, μέχρι την εποχή της επανένωσης

151

της Δυτικής με την Ανατολική Γερμανία, εποχή που οι Γερμανοί ακόμη δεν αμφισβητούσαν τις υποχρεώσεις τους απέναντι στην Ελλάδα.

Σύμφωνα πάλι με τον κ Τσαγγαρίδη, η ελληνική πλευρά έπρεπε να ήταν έτοιμη, με συγκεκριμένα ποσά και με την επίκληση της ρηματικής διακοίνωσης της γερμανικής κυβέρνησης, το 1967, που έλεγε ότι ουδέποτε αμφισβήτησε τις υποχρεώσεις της.

Κατόπιν, που η «Δημοκρατική» Γερμανία αξιοποίησε τα χρήματα, για την δική της ανασυγκρότηση, κατά την περίοδο της επανανένωσης Δυτικής και Ανατολικής Γερμανίας, ξεχάστηκαν και οι αποζημιώσεις και οι κάθε είδους υποχρεώσεις προς την Ελλάδα.

Τα ακούσια ή εκούσια λάθη του παρελθόντος, για την διεκδίκηση των γερμανικών αποζημιώσεων, εγείρουν ακόμη μεγαλύτερη ευθύνη, στο να πράξουμε σήμερα τα δέοντα, προκειμένου να αξιώσουμε τις αποζημιώσεις αυτές, οι οποίες συνδέονται με εγκλήματα κατά της ανθρωπότητας, που δεν έχουν παραγραφεί και σύμφωνα με το Διεθνές Δίκαιο, δεν έχουν παραγραφεί και οι αντίστοιχες αστικές αξιώσεις, επί αυτών.

Και αν αυτός, που πρωτοστατεί στην διεκδίκηση των Γερμανικών Αποζημιώσεων, λέγεται Μανώλης Γλέζος, θα έπρεπε να αποτελεί ξεχωριστή τιμή για το Ελληνικό κράτος, ανεξάρτητα με τον κομματικό χώρο στον οποίο ανήκει, που της προσπάθειας αυτής, η οποία ήταν εθνική υποχρέωση όλων των Ελληνικών Κυβερνήσεων μέχρι σήμερα, ηγείται ένας ήρωας...

152

ΤΑ ΓΛΥΠΤΑ ΤΟΥ ΠΑΡΘΕΝΩΝΑ ΑΠΟΤΕΛΟΥΝ ΜΕΡΟΣ ΤΗΣ ΠΑΤΡΙΔΟΓΝΩΣΙΑΣ ΜΑΣ

Τα γλυπτά του Παρθενώνα έχουν εμβληματικό χαρακτήρα, γιατί αντιπροσωπεύουν ένα ολόκληρο έθνος και τις διεκδικήσεις του από την ιστορία, που το ίδιο συνέθεσε.

Η Ελλάδα δικαιωματικά λοιπόν, διεκδικεί την επιστροφή των μαρμάρων στην πατρίδα τους, την ενσωμάτωσή τους στον εθνικό πολιτισμό και κατά συνέπεια την διόρθωση των «ιστορικών αναγραμματισμών», που εξυπηρετούν πολιτικές σκοπιμότητες.

Ο Λόρδος Έλγιν, ένας χρεοκοπημένος διπλωμάτης που έκλεψε τα γλυπτά, από την Ελλάδα, για να βγάλει χρήματα, ενώ δεν είχε κανένα νομικό δικαίωμα, ούτε άδεια να τα αφαιρέσει από την Ακρόπολη και να τα μεταφέρει στην χώρα του, την Μ. Βρετανία, νομιμοποιήθηκε πολιτικά από την χώρα του, που όχι μόνο του έδωσε ασυλία, αλλά υποστήριξε και συνεχίζει να υποστηρίζει την κλοπή ως νόμιμη πράξη.

Και ενώ το Βρετανικό Μουσείο αρνείται να επιστρέψει τα Γλυπτά, σε ταύτιση απόψεων και δράσεων με τον Βρετανό πρωθυπουργό, **το 88% των Βρετανών είναι υπέρ της** επιστροφής τους , το Διεθνές Δικαστήριο της Χάγης και το

Ευρωπαϊκό Δικαστήριο Ανθρωπίνων Δικαιωμάτων

αναγνωρίζουν πως υπάρχει ουσιαστικό πρόβλημα και η

UNESCO έδωσε προθεσμία έξι μηνών στη Βρετανία να

διαπραγματευτεί με την Ελλάδα.

Το ζητούμενο είναι όμως, πώς θα βρεθούν τρόποι η υποτιθέμενη διπλωματία να απαιτήσει με ισχυρά νομικά επιχειρήματα την επιστροφή των μαρμάρων του Παρθενώνα, με βάση το Διεθνές Δίκαιο και όχι να κρατήσει ισορροπίες , που θα διαιωνίζουν την υπόθεση στον μέλλον.

Αυτή η χώρα έχει υποστεί πολλές λεηλασίες κρυφές και φανερές , οικονομικές, πολιτικές, πολιτισμικές αλλά δεν το έβαζε κάτω, παρά μόνο όταν αλωνόταν εκ των έσω, όταν το ενδογενές πολιτικό της σύστημα λειτουργούσε ως Δούρειος Ίππος και της μείωνε τα αντανακλαστικά να αντισταθεί, να διεκδικήσει, να κερδίσει.

Όταν αυτό συμβαίνει, τότε πάντα οι παρελάσεις θα έχουν κάγκελα, γιατί θα προκαλείται το κοινό αίσθημα και ο λαός θα απαιτεί «αίμα», για να ξεπλυθούν όλες οι αδικίες, που κάποιοι του τάξανε, πως αν τις υπομείνει θα βγει νικητής στα αποκαΐδια.

Η ιστορία έχει συνέχειες, που σε αναγκάζουν αυταρχικά να υπακούσεις σε ένα σύστημα αξιών, που δεν αναγνωρίζει την εθνική, πολιτιστική και ηθική ταυτότητα του ανθρώπου. Στόχος είναι, αυτές οι συνέχειες να παγιοποιήσουν ιστορικά δεδικασμένα, προκειμένου να ελέγχεται η μοίρα των λαών αυτεξούσια, από τις εμπορικές συμφωνίες, που υπογράφουν οι άρπαγες με το μέλλον.

ΑΡΘΡΟ 47 – ΠΡΩΤΗ ΔΗΜΟΣΙΕΥΣΗ 11/11/2014

ΤΑ STRESS TESTS ΤΩΝ ΤΡΑΠΕΖΩΝ VS ΤΑ STRESS TESTS ΤΩΝ ΠΟΛΙΤΩΝ...

Τα stress tests, είναι τραπεζικά τεστ αντοχής, που διεξάγουν οι αρμόδιες εποπτικές αρχές, προκειμένου να αξιολογήσουν, αν τα χρηματοπιστωτικά ιδρύματα έχουν τα απαραίτητα κεφάλαια για να ανταπεξέλθουν στις δυσμενείς συνθήκες της οικονομίας.

Η διαδικασία των stress tests περιλαμβάνει τον προσδιορισμό των κυριότερων κινδύνων, που αντιμετωπίζει το χρηματοπιστωτικό σύστημα και την δυνατότητα αντιμετώπισης τους.

Σύμφωνα λοιπόν με τα stress tests της ΕΚΤ, η μέση διάβρωση για τις ελληνικές τράπεζες κεφαλαίων, ήταν 6,1%, έναντι 4,1% κατά μέσο όρο στην υπόλοιπη Ευρώπη, ενώ η επίπτωση από την μεταχείριση του αναβαλλόμενου φόρου δεν συμπεριλήφθηκε στο τεστ αντοχής, οπότε αποτελεί περαιτέρω κεφαλαιακό μαξιλάρι για τις ελληνικές τράπεζες.

Τα αποτελέσματα λοιπόν, πιστοποιούν, ότι όλες οι συστημικές τράπεζες δεν χρειάζονται περαιτέρω αυξήσεις κεφαλαίου ή κινήσεις, για ενδυνάμωση των κεφαλαίων τους στο άμεσο μέλλον.

Σύμφωνα με δημοσιεύματα , η Alpha Bank πέρασε παρουσιάζοντας πλεόνασμα σε όλα τα σενάρια, η Πειραιώς εμφάνισε πλεόνασμα μετά την αύξηση κεφαλαίου 1 δις ευρώ το 2014, η Εθνική εμφάνισε πλεόνασμα 2 δις ευρώ, μετά την αύξηση κεφαλαίου 2,5 δις ευρώ το 2014, , ενώ η Eurobank μείωσε το έλλειμμα των 4,6 δις ευρώ του 2013, σε 1,76 δις ευρώ, μετά την αύξηση κεφαλαίου 2,86 δις ευρώ το 2014 και στη συνέχεια σε μόλις 18 εκ ευρώ, μετά την ενσωμάτωση του σχεδίου αναδιάρθρωσης.

Τα ανοιχτά μέτωπα λοιπόν για τις τράπεζες έλαβαν τέλος. Τώρα είναι η ώρα, να αποκατασταθούν οι κοινωνικές δομές της χώρας, που έχουν διαλυθεί εξαιτίας της άντλησης δανείων από το εξωτερικό, προκειμένου να βοηθηθούν οι ταμειακές ροές των τραπεζών και να εμφανίζουν σήμερα πλεονασματικά αποτελέσματα.

Τώρα ήρθε η ώρα, να δούμε τι πρόκειται να γίνει με τα κόκκινα δάνεια και τις σχετικές ρυθμίσεις, που προωθούνται από την Κυβέρνηση.

Υπάρχει η πολιτική βούληση, εφόσον οι τράπεζες δεν κινδυνεύουν πια και αυτό γιατί έχουν εισπράξει την ζημία τους από τα κόκκινα δάνεια από τις ανακεφαλαιοποιήσεις, να γίνει συντριπτικό κούρεμα των κόκκινων δανείων στους μη έχοντες, που αποτελούν και την πλειοψηφία των πολιτών σήμερα, λαμβάνοντας υπόψη τα υψηλά ποσοστά της ανεργία και τους εξευτελιστικούς μισθούς και τις εξευτελιστικές συντάξεις ;;;

Υπάρχει η πολιτική βούληση, να μειωθούν τα επιτόκια στα επιχειρηματικά δάνεια, ειδικότερα στις μικρομεσαίες επιχειρήσεις, καθώς και να δοθούν φορολογικά και ασφαλιστικά κίνητρα, έτσι ώστε να ανακάμψει σιγά σιγά η εσωτερική αγορά;;;

Εάν αυτά συμβούν, τότε πραγματικά, οι τράπεζες δεν θα διατρέχουν κανέναν πολιτικό κίνδυνο. Οι αλλαγές Κυβερνήσεων γίνονται, όταν τα υφιστάμενα πολιτικά συστήματα κρίνονται, από τον λαό, δημοκρατικά δηλαδή, ανεπαρκή να του εξασφαλίσουν την ευημερία του και αυτό δεν μπορεί να αποτελεί κίνδυνο για καμιά τράπεζα που ζει και εξαρτάται από τον ενδοχώρο στον οποίο κινείται, γιατί πολύ απλά η ανάπτυξη των τραπεζών είναι αλληλένδετη με την ανάπτυξη της χώρας στην οποία δραστηριοποιούνται.

Και για κάποιους που παραποιούν τον όρο ανάπτυξη, προκειμένου να τον χρησιμοποιούν όπως τους βολεύει, ας ανοίξουν κανένα βιβλίο, για να εμπεδώσουν ότι η ανάπτυξη συνεπάγεται την ευημερία που απολαμβάνει ο λαός μιας χώρας, σημαντικότεροι δε δείκτες της ανάπτυξης, αποτελούν ο μακροχρόνιος ρυθμός αύξησης του κατά κεφαλή ΑΕΠ και οι δείκτες που σχετίζονται με το επίπεδο υγείας, μόρφωσης και μακροβιότητας του λαού της συγκεκριμένης χώρας.

Δυστυχώς όμως, ουδείς από αυτούς τους δείκτες είναι «πλεονασματικός», στην Ελλάδα, έτσι ώστε να μπορεί να βρίσκεται σε αντιστοιχία με τους «πλεονασματικούς δείκτες» των τραπεζών και αυτό αποτελεί το πραγματικό πολιτικό πρόβλημα

156

των τραπεζών, προκειμένου για την περαιτέρω ανάκαμψη και ανάπτυξη τους...

ΑΡΘΡΟ 48 – ΠΡΩΤΗ ΔΗΜΟΣΙΕΥΣΗ 1/11/2014

Η ΑΝΑΚΑΜΨΗ ΤΗΣ ΑΡΓΕΝΤΙΝΗΣ

Σε αντίθεση με τις σκηνοθετημένες προβλέψεις κάποιων, μεταξύ των οποίων και της Ελληνικής Κυβέρνησης, για την επαναπτώχευση της Αργεντινής, σήμερα η Αργεντινή σηκώνει το ανάστημά της στους τοκογλύφους και ανακάμπτει.

Η μεγάλη λατινοαμερικανική χώρα, όχι απλά δεν έπεσε σε δεύτερη πτώχευση, όπως ανακοίνωσε επίσημα το Καλοκαίρι η Ελληνική Κυβέρνηση, αλλά ξεπέρασε τις τρικλοποδιές που της έβαλε εσκεμμένα η Δύση, με το deal που υπέγραψε πρόσφατα με το Πεκίνο και αντικαθιστά το δολάριο με το γουάν στις συναλλαγές της και προχωρά δυναμικά στο μέλλον!

Τον περασμένο Ιούλιο, η πρόεδρος της Αργεντινής Κριστίνα Φερνάντεζ Κίρσνερ, υπόγραψε με τον πρόεδρο της Κίνας Ζι Ζινπίνγκ, μια σειρά επιχειρηματικών συμφωνιών, οι οποίες αναβαθμίζουν ουσιαστικά την οικονομία της Αργεντινής.

Μεταξύ των συμφωνιών, συνολικού ύψους 7,5 δις δολαρίων, ξεχώρισαν

-η χορήγηση πιστώσεων ύψους 4,7 δις δολαρίων από την China Development Bank, για την κατασκευή δύο υδροηλεκτρικών μονάδων παραγωγής ενέργειας, συνολικής ισχύος 1.740 MW, έργα που έχουν αναλάβει η κινεζική China Gezhouba Group και η αργεντίνικη Electroingenieria,

- η χρηματοδότηση ύψους 2,1 δις δολαρίων από την China Development Bank, για την κατασκευή σιδηροδρομικών υποδομών, οι οποίες θα διευκολύνουν τη μεταφορά των αγροτικών προϊόντων της Αργεντινής στα λιμάνια της χώρας.

Ακόμη, ο Σι Ζινπίνγκ αποφάσισε να χορηγήσει στην Αργεντινή δάνειο 11 δισεκατομμυρίων δολαρίων, το ένα τρίτο δηλαδή των συναλλαγματικών αποθεμάτων της Αργεντινής, έτσι ώστε να μπορεί η Αργεντινή να χρηματοδοτεί, σε κινεζικό νόμισμα, τις εισαγωγές της από την Κίνα.

Η σύμβαση ανταλλαγής νομισμάτων θα επιτρέψει στην Αργεντινή να ενισχύσει τα συναλλαγματικά της αποθέματα και να πληρώσει τις κινεζικές εισαγωγές της με ισοτιμίες γουάν, την ώρα που τα ελάχιστα έσοδα από τις εξαγωγές της χώρας και η προβληματική ισοτιμία του νομίσματος της, έχουν θέσει το Μπουένος Άιρες σε δυσχερή θέση.

Swap ή Σύμβαση Ανταλλαγής, αποτελεί μια συμφωνία μεταξύ δύο συμβαλλομένων, για ανταλλαγή μελλοντικών χρηματοροών (legs), με τρόπο που έχουν προκαθορίσει μεταξύ τους. Τα χρηματικά ποσά που ανταλλάσσονται μπορεί να αναφέρονται σε διαφορετικά νομίσματα και σταθερά ποσά.

Σύμφωνα με την εφημερίδα La Nacion, το Μπουένος Άιρες θα λάβει την πρώτη δόση αξίας 1 δις δολαρίων σε γουάν, πριν από το τέλος του έτους.

Τι έκανε τελικά η Αργεντινή για να βγει από την δυσχερή θέση;

Απλά δεν υπέκυψε στις πολιτικές και οικονομικές πιέσεις των διεθνών αρπακτικών. Κήρυξε στάση πληρωμών προς το εξωτερικό χρέος, κατάφερε γενναίο κούρεμα της τάξης του 70% από το 90% των δανειστών της, αντιμετώπισε κατάφατσα το 10% που προσπάθησε την λεηλατήσει, με την έκδοση «προκατειλημμένων» δικαστικών αποφάσεων, για τις οποίες σήμερα το Ανώτατο Δικαστήριο των ΗΠΑ δέχεται κριτική, ότι αντιβαίνουν στην πρόθεση των κρατών, όταν υπογράφουν τέτοιου είδους διμερείς συμφωνίες και υπέγραψε επιχειρηματικές συμφωνίες κύρους για την έξοδό της από την κρίση.

Σε αναντιστοιχία η Ελλάδα, σε πρώτη φάση απότρεψε μία στάση πληρωμών του ελληνικού κράτους, καθώς μεγάλο μέρος του χρέους κατείχαν μεγάλες ευρωπαϊκές (κυρίως γαλλικές και γερμανικές) τράπεζες, κάτι που θα τις έφερνε σε ιδιαίτερα δύσκολη θέση και έτσι το χρέος άλλαξε χέρια, μέσω των μνημονίων και πήγε στην τρόικα.

Κατόπιν, όταν το ελληνικό χρέος είχε εκτοξευτεί σε δυσθεώρητα ύψη, έγινε κούρεμα (PSI) με εντολή της τρόικας, του οποίου χαμένοι ήταν κυρίως τα ασφαλιστικά ταμεία, τα νοσοκομεία, τα πανεπιστήμια και οι μικροομολογιούχοι, ενώ οι μεγάλες τράπεζες εξασφάλισαν μία σημαντική αποζημίωση για τη συμμετοχή τους και η Ελλάδα απεμπόλησε άνευ όρων κάθε διεκδίκηση για την εθνική της κυριαρχία. Τα ομόλογα δε, τα οποία προέκυψαν, πέρασαν στο Αγγλικό Δίκαιο, το πιο σκληρό Δίκαιο για τον οφειλέτη και θα εκδικάζονται στα δικαστήρια του Μεγάλου Δουκάτου του Λουξεμβούργου!

159

Παράλληλα, ιδρύθηκε ένα ταμείο ξεπουλήματος του δημόσιου πλούτου, του οποίου τα έσοδα θα πηγαίνουν αποκλειστικά στην αποπληρωμή του χρέους (το γνωστό ΤΑΙΠΕΔ), μετατράπηκε η χώρα σε προτεκτοράτο και ο λαός συνθλίφτηκε κάτω από τα απεχθή μέτρα λιτότητας, που του επιβλήθηκαν.

Και έχει και συνέχεια... Η λεγόμενη Ευρωπαϊκή Ένωση, που μόνο χρέη ένωσης δεν εκτελεί, προωθεί συμφωνία με τις ΗΠΑ, για το εμπόριο και τις επενδύσεις, γνωστή ως ΤΤΙΡ, που θέτει σε κίνδυνο τα κυριαρχικά δικαιώματα των κρατών σε θεμελιώδη οικονομικά ζητήματα.

Τα συμπεράσματα τα αφήνω στην κρίση σας...

ΑΡΘΡΟ 49- ΠΡΩΤΗ ΔΗΜΟΣΙΕΥΣΗ 14/11/2014

ΟΤΑΝ ΦΛΕΓΕΤΑΙ Η ΕΥΡΩΠΗ...

Τα σοβαρά επεισόδια που ξέσπασαν πρόσφατα στις Βρυξέλλες, την καρδιά της Ευρώπης, κατά τη διάρκεια μεγάλης διαδήλωσης, είχαν ως κίνητρο τα μέτρα λιτότητας που προσπάθησε να επιβάλλει η κυβέρνηση του Βελγίου, με ινστρούκτορα πάντα την Ευρωπαική επιτροπή.

Η διατήρηση της αυτόματης αναπροσαρμογής των μισθών ανάλογα με τον πληθωρισμό, των υφιστάμενων ορίων συνταξιοδότησης και γενικότερα του κράτους πρόνοιας, ήταν τα βασικά αιτήματα των διαδηλωτών, ο αριθμός των οποίων αξιολογήθηκε ως εξαιρετικά μεγάλος, με βάση τα πληθυσμιακά δεδομένα του Βελγίου.

Η διαδήλωση αυτή, στην οποία συμμετείχαν 130 χιλιάδες άτομα και χαρακτηρίσθηκε "ιστορική", γιατί ξεπέρασε σε συμμετοχή ακόμη και τις διαδηλώσεις του 2011 και 2013, αποτελεί το προοίμιο της αντεπίθεσης που ανακοίνωσαν τα συνδικάτα στις οικονομικές και κοινωνικές μεταρρυθμίσεις, που προβλέπουν περικοπές δαπανών ύψους 11 δις ευρώ, τις οποίες πρότεινε η κυβέρνηση συνασπισμού του Βέλγου πρωθυπουργού Σαρλ Μισέλ.

Μπαράζ απεργιών αναμένεται με διάφορους κλάδους πρωταγωνιστές τις επόμενες εβδομάδες, μέχρι τη γενική, εθνική απεργία   της   15ης   Δεκεμβρίου.

Τα συνδικάτα, αλλά και τα σοσιαλιστικά και οικολογικά κόμματα, όπως και η άκρα αριστερά, καταγγέλλουν κυρίως την απόφαση της κυβέρνησης να καταργήσει το 2015 ένα μέτρο που ίσχυε ως τώρα στο Βέλγιο, βάσει του οποίου οι μισθοί και τα κοινωνικά επιδόματα ακολουθούν αυτόματα, ως πρέπει δηλαδή, την αύξηση του κόστους ζωής.

Η μακροχρόνια πολιτική κρίση, ως προιόν του υψηλού δημόσιου χρέους , οδήγησε τη χώρα πρόσφατα σε κυβέρνηση που δεν αποτελεί αντιπροσωπευτική αρχή της πλειοψηφίας του τόπου , καθώς είναι κυβέρνηση συνασπισμού.

Ο Σαρλ Μισέλ, ο οποίος ορκίστηκε πρωθυπουργός στις αρχές Οκτωβρίου, ετέθη επικεφαλής μιας κυβέρνησης συνασπισμού, στην οποία συμμετέχουν ένα γαλλόφωνο κόμμα, το Μεταρρυθμιστικό Κίνημα, και τρία φλαμανδικά κεντροδεξιά και δεξιά κόμματα: το εθνικιστικό Νέα Φλαμανδική Συμμαχία (Ν-VA) του Μπαρτ Ντε Βέβερ, οι Φλαμανδοί Χριστιανοδημοκράτες του CD&V και οι Φλαμανδοί Φιλελεύθεροι.

Οι ευλογίες που πήρε από την κεντρική διοίκηση της Ευρώπης, αποσκοπούσαν στο να μπει σε εφαρμογή η γενικότερη πολιτική λιτότητας, μέσω μνημονίων, όπως και στην Ελλάδα, με αποτέλεσμα το εθνικό χρέος της χώρας να εκτιναχθεί στο 104,5% του ΑΕΠ (Ακαθάριστο Εθνικό Προιόν) της.

Αξίζει να σημειωθεί, ότι το μεγαλύτερο δημόσιο χρέος μεταξύ όλων των χωρών, όχι μόνο της Ευρωζώνης αλλά και ολόκληρης της ΕΕ των 28 κρατών, το απόκτησαν οι χώρες του ευρώ που βρίσκονται υπό μνημονιακό καθεστώς.

Σήμερα έρχεται να προστεθεί σε όλα αυτά, το μεγαλύτερο κοινωνικό χρέος που έχει δημιουργηθεί, από τις ίδιες χώρες προς τους πολίτες τους, ως συνεπαγόμενη ενέργεια πάλι από τις πολιτικές του μνημονίου.

Η αυτόματη δράση- αντίδραση, που προκαλείται από τις πρόχειρες πολιτικές λιτότητας, που δεν αντιστοιχούν τα εισοδήματα με το κόστος ζωής, θα έχει μόνο ένα αποτέλεσμα, την καταστρατήγηση του ίδιου του θεσμού της Ενωμένης Ευρώπης, καθώς δεν διαφυλάσσεται η οικονομική και κοινωνική ειρήνη, που αποτελούν προυποθέσεις για την αναπτυξιακή ευημερία των λαών που εντάσσονται στην Ενωμένη Ευρώπη.

ΑΡΘΡΟ 50 – ΠΡΩΤΗ ΔΗΜΟΣΙΕΥΣΗ 27/11/2014

Η ΔΙΚΑΙΟΣΥΝΗ ΤΗΣ ΤΑΞΙΚΗΣ ΔΗΜΟΚΡΑΤΙΑΣ -ΝΟ
JUSTICE NO PEACE

Ένα παιδί 12 χρονών βγήκε από έναν παιδότοπο στο Κλήβελαντ του Οχάιο, κρατώντας ένα ψεύτικο όπλο. Οι κάτοικοι της περιοχής ανησύχησαν, δεν καταλάβαιναν αν το όπλο ήταν αληθινό ή όχι. Κάποιος ειδοποίησε την αστυνομία. Η αστυνομία έφτασε και ένας αστυνομικός που «έκανε τη δουλειά του», διέταξε το παιδί να σηκώσει τα χέρια ψηλά. Εκείνο δεν τα σήκωσε, λέει ο αστυνομικός. Κι έτσι αναγκάστηκε, «κάνοντας τη δουλειά του», να πυροβολήσει. Πυροβόλησε δύο φορές, η μία σφαίρα βρήκε το παιδί στην κοιλιακή χώρα και το παιδί πέθανε...

Όλα αυτά συνέβησαν το Σάββατο 22 Νοεμβρίου και ο 12χρονος Ταμίρ Ράις πέθανε τελικά την Κυριακή 23 Νοεμβρίου.

Την ίδια ημέρα, σύμφωνα με δημοσίευμα της Guardian, ο Αλ Σάρπτον «φακελωμένος» από χρόνια ακτιβιστής στις Η.Π.Α., μιλούσε στο Χάρλεμ καλώντας τις αρχές να προχωρήσουν στη διαλεύκανση της υπόθεσης του Γκάρλεϊ, υπόθεση που δεν έχει ακόμα καταδικάσει τον ένοχο αστυνομικό, που σκότωσε τον 28χρονο Ακάι Γκάρλεϊ την ώρα που έβγαινε από το σπίτι του, στο Μπρούκλιν της Νέας Υόρκης. «Ατυχή τραγωδία», ονόμασαν τη δολοφονία οι επικεφαλής του NYPD. Το ίδιο συνέβηκε και στο

164

Staten Island το καλοκαίρι, όπου αστυνομικός σκότωσε τον Έρικ Γκάρνερ, σφίγγοντάς τον από τον λαιμό, μέχρι να τον αφήσει νεκρό. Το ίδιο συνέβηκε και με τον Μάικλ Μπράουν στο Φέργκιουσον, στις 9 Αυγούστου 2014.

Το 2012, μετά τη δολοφονία του μαύρου εφήβου Τρέιβορ Μάρτιν στη Φλόριντα, μια μελέτη του Λαϊκού Κινήματος «Μάλκολμ Χ» έδειχνε ότι ένας αφροαμερικανός δολοφονείται κάθε 28 ώρες από αστυνομικό, σεκιουριτά ή «εθελοντή πολιτοφύλακα». Έτσι δεν ήταν καθόλου έκπληξη ότι υπήρξαν ακόμα περισσότερα άοπλα θύματα της αστυνομίας, μαύροι, τις μέρες που ο κόσμος σε όλη τη χώρα περίμενε με αγωνία τη δικαστική απόφαση στο Φέργκιουσον.

Και μπουμ, μετά από τρεις ολόκληρους μήνες, έρχεται η «ΔΙΚΑΙΟΣΥΝΗ» να αποφανθεί μέσω του σώματος των ενόρκων, στην πλειοψηφία τους λευκοί, σε μια πολιτεία με πλειοψηφία μαύρους κάτοικους... ότι ο αστυνομικός που σκότωσε τον Μάικλ Μπράουν δεν θα παραπεμφθεί σε δίκη !!! Όπως το θέτει κι ένα πολυδιαβασμένο μήνυμα στο Τουίτερ «δεν παίρνει 100 μέρες να αποφασίσεις αν ο φόνος είναι έγκλημα, 100 μέρες παίρνει να βρεις τον τρόπο να πείσεις τους ανθρώπους ότι δεν είναι»...»

Αυτή είναι λοιπόν η απονομή της «δικαιοσύνης», σε μια χώρα, που οι άνθρωποι σε θέσεις πολιτικής εξουσίας μιλάνε

165

ασταμάτητα για τη σημασία της ειρήνης και το κράτος δικαίου,

ενώ οι ίδιοι έχουν επινοήσει την βία, ως την επίσημη οδό για να

καθυποτάσσουν τον κόσμο, εντός και εκτός της χώρας τους.

Ο Ρόμπερτ Μακ Κάλοκ, ο εισαγγελέας της περιφέρειας Σεντ

Λιούις, και το εγκληματικό δικαστικό σύστημα στο Μιζούρι, δεν

είχαν εξαρχής καμία πρόθεση να παραπέμψουν σε δίκη τον

αστυνομικό που σκότωσε τον Μάικλ Μπράουν. Η σκοπιμότητα

της χρονοβόρας δικαστικής διαβούλευσης, είχε στόχο να

εκτονώσει τις διαμαρτυρίες για τα εγκλήματα που διαπράττονται

εις βάρος των κατώτερων τάξεων, γιατί το πρόβλημα δεν είναι το

χρώμα, είναι η άσκηση εξουσίας πάνω στους οικονομικά και

κοινωνικά αδύναμους. Ζούμε σε εποχές, στις οποίες η καταστολή

του κράτους εξυπηρετεί τον ταξικό πόλεμο, που συντηρεί το

πολιτικό και οικονομικό κατεστημένο σε όλη την υφήλιο.

Αξίζει να σημειωθεί, ότι ένα από τα πιο συνεπή μπλοκ στις

διαδηλώσεις του Φέργκιουσον τους τελευταίους δύο μήνες, ήταν

οι χαμηλόμισθοι εργάτες που κινητοποιούνταν με το συνδικάτο

τους 'Fight for 15', βλέποντας τον αγώνα τους για οικονομική

δικαιοσύνη απόλυτα αλληλέγγυο με την πάλη για φυλετική

δικαιοσύνη.

Όταν ανακοινώθηκε η δικαστική απόφαση, χιλιάδες διαδηλωτές κατέβηκαν να διαδηλώσουν στους δρόμους για την ανυπαρξία του κράτους δικαίου με το χαρακτηριστικό σύνθημα : «ΝΟ PEACE NO JUSTICE – ΔΕΝ ΥΠΑΡΧΕΙ ΕΙΡΗΝΗ ΧΩΡΙΣ ΔΙΚΑΙΟΣΥΝΗ».

Ο κυβερνήτης του Μιζούρι Τζέι Νίξον, κήρυξε την Τρίτη 25 Νοεμβρίου, την πολιτεία σε κατάσταση έκτακτης ανάγκης για 30 ημέρες. Η Ομοσπονδιακή Υπηρεσία Πολιτικής Αεροπορίας εξέδωσε προσωρινή απαγόρευση πτήσεων επάνω από την περιοχή του Φέργκιουσον, ενώ η εθνοφρουρά ενισχύθηκε με περισσότερα μέλη για να αντιμετωπίσουν τη βία ...με περισσότερη βία...

Την ίδια στιγμή ο Μακ Κάλοκ είχε το θράσος να μιλήσει για δημιουργικό διάλογο μεταξύ αστυνομίας και κοινοτήτων μαύρων κατοίκων, την ώρα που οι διαδηλωτές στους δρόμους του Φέργκιουσον αντιμετωπίζονταν από την αστυνομία με εξοπλισμό καταστολής πλήθους και τανκς με στρατιώτες από την Εθνική Φρουρά του Μιζούρι.

Την επόμενη μέρα, παρά την επιβολή του ΣΟΚ, που επιχειρούσαν όλα τα ΜΜΕ προπαγανδίζοντας για την βία των διαδηλωτών, οι διαδηλώσεις σε άλλες πόλεις της χώρας γίνονταν ακόμη μεγαλύτερες και πιο αποφασισμένες . Σε όλη τη χώρα, οι

167

άνθρωποι πάλευαν να στείλουν το ίδιο μήνυμα ξανά και ξανά, ότι

δεν θα τους αναγκάσει η τρομοκρατία των ΜΜΕ και των αρχών

να σωπάσουν...

Έξω από το Μιζούρι, οι κινητοποιήσεις ήταν μεν οργισμένες αλλά το κλίμα παρέμεινε σε γενικές γραμμές ειρηνικό. Δεν έλειψε ωστόσο ένταση μεταξύ αστυνομικών και διαδηλωτών σε ορισμένες περιπτώσεις, όπως στο Όκλαντ.

Στη **Νέα Υόρκη**, διαδηλωτές με πανό και συνθήματα «Οι ζωές των μαύρων μετρούν» κατέβηκαν στην Τάιμς Σκουεάρ και μπλόκαραν αυτοκίνητα και ταξί κυκλοφορώντας ανάμεσά τους. Πεζοί διαδηλωτές κατέλαβαν επίσης για λίγη ώρα τη γέφυρα του Μπρούκλιν και τη γέφυρα του Μανχάταν.

Στην **Ουάσινγκτον**, τα πλακάτ με συνθήματα, που στηλίτευαν τη «ρατσιστική τρομοκρατίας της αστυνομίας», εμφανίστηκαν σχεδόν αμέσως μπροστά από τον Λευκό Οίκο. Ανάλογη συγκέντρωση έγινε και μπροστά στο Ανώτατο Δικαστήριο.

Στο **Σικάγο**, πολίτες έκαναν πορεία στην κεντρική Lake Shore Drive, με πλακάτ «Δικαιοσύνη για τον Μάικλ Μπράουν», ενώ στο **Σιάτλ** διαδηλωτές κατέλαβαν κεντρικό δρόμο με καθιστική διαμαρτυρία.

Στη **Βοστώνη**, συγκεντρωμένοι διαδηλωτές τήρησαν σιγή 4,5 λεπτών στη μνήμη του Μάικλ Μπράουν, όπως είχε ζητήσει η οικογένειά του, πριν ξεκινήσουν πορεία στο κέντρο της πόλης.

Στο **Λος Άντζελες**, οι αντιδράσεις ξεκίνησαν στο Λέιμερτ Παρκ, περιοχή με κυρίως αφροαμερικανούς κατοίκους. Σε άλλο σημείο, δύο ξεχωριστές ομάδες μερικών δεκάδων διαδηλωτών προσπάθησαν να μπλοκάρουν την κίνηση σε αυτοκινητόδρομο υψηλής ταχύτητας, προκαλώντας μία σύντομη αναταραχή πριν τελικά αποχωρήσουν, χωρίς να τραυματιστεί κανείς.

Τη στιγμή, που το Κογκρέσο το κορυφαίο όργανο της αστικής αντιπροσωπευτικής δημοκρατίας, έχει μόλις 10% αποδοχή στις μετρήσεις, εκπροσωπεί δηλαδή ουσιαστικά μόλις το 10% των Αμερικανών, που είναι ακόμα πιο πλούσιοι σήμερα από ότι πριν την κρίση, που η πλειοψηφία του Αμερικάνικου λαού έχει μείνει χωρίς φωνή, χωρίς περίθαλψη και χωρίς εισοδηματική δύναμη, με κλονισμένη εμπιστοσύνη στους αλλοιωμένους θεσμούς και που η ταξική εκκαθάριση ασκείται από τα όργανα τις τάξης..., οι διαδηλώσεις θα δώσουν τη θέση τους στις εξεγέρσεις και δεν θα μπορούν να αναχαιτιστούν ούτε με την εκλογή μαύρου στο αξίωμα του Προέδρου της χώρας, ούτε με τον ιό Έμπολα, γιατί πολύ απλά όταν σπέρνεις τη βία θα θερίζεις «τρομοκρατία» εντός και εκτός συνόρων...

www.ingramcontent.com/pod-product-compliance
Lightning Source LLC
Chambersburg PA
CBHW060624290526
45793CB00001B/132